智元微库
OPEN MIND

成 长 也 是 一 种 美 好

分手心理学

心理学

曹雪敏 著

Psychology of breaking up

人民邮电出版社

北京

图书在版编目（CIP）数据

分手心理学 / 曹雪敏著. -- 北京 ：人民邮电出版
社，2020.11
ISBN 978-7-115-54959-4

Ⅰ．①分… Ⅱ．①曹… Ⅲ．①恋爱心理学－通俗读物
Ⅳ．①C913.1-49

中国版本图书馆CIP数据核字(2020)第184600号

◆ 著　　　　曹雪敏
　　责任编辑　陈素然
　　责任印制　周昇亮
◆ 人民邮电出版社出版发行　　北京市丰台区成寿寺路 11 号
　　邮编 100164　　电子邮件 315@ptpress.com.cn
　　网址 https://www.ptpress.com.cn
　　天津千鹤文化传播有限公司印刷
◆ 开本：880×1230　1/32
　　印张：8.25　　　　　　　　　2020 年 11 月第 1 版
　　字数：171 千字　　　　　　　2025 年 8 月天津第 11 次印刷

定　价：49.80 元

读者服务热线：（010）67630125　印装质量热线：（010）81055316
反盗版热线：（010）81055315

各方赞誉

大多情感中的"分离"都被不假思索地当成了生活的灾难。我们缺乏让"分离"变成自我重建的契机和资源的方法。《分手心理学》正好弥补了这个空白。这本书不是教人如何分手，而是让人学会如何在破裂的关系中发现真实的自我，并真正发展出拥有良好亲密关系的能力。

——黄伟强　壹心理创始人

对刚刚经历分手的人而言，重归健康的个人生活是很大的挑战。处理好了，如释重负；处理不好，就只能带着怨气独行。当关系因为种种原因不得不画上句号时，这本《分手心理学》恰恰是你和自我进行一次对话的好契机。

——叶壮　心理学者

亲密关系是每个人生命中最重要的课题之一，可以说它决定了我们的幸福感和心理健康水平。而且，你可能不知道的是：如果你能在关系发生危机时重新认识亲密关系，重建一个真正独立的自我，它所带来的安全感和力量，不仅能让你的亲密关系更好，还会有助于你的工作表现！

它能保护你的内驱力，让你更能经受工作与生活中的压力和烦恼，更不容易拖延，更容易取得成就。

雪敏的这本书，不但有丰富的心理学知识，而且极具实践指导，能让你边看边用，是一本不可多得的好书。相信你读过之后一定会很有收获。

——高地清风 "拖延症"咨询师，科学派自我管理教练

分手心理学是一本深入浅出的指导性书籍，可以有效地帮助我们理解分手带来的创伤。有时候我们常常会忽视自己受伤的心，太快地疗愈自己，然后在下一段感情中重蹈覆辙。就如书中所说，分手是一段自我重塑的历程，是一段需要被重视的过程。雪敏是我认识的人中最勇敢去爱的一个人，相信她的这本书可以让大家以直面分手的全新视角，穿越恐惧到达爱的彼岸。

——丹贞娜姆 心理咨询师，ABEPSGP（美国心理剧、社会计量与团体心理治疗考试委员会）认证心理剧导演

从感受分手的痛苦到认识重建自我，本书在运用心理学知识剖析分手的同时，巧妙地运用心理学理论引导读者，帮助读者重塑与自我的对话。这是一本能引发自我反思、反问，解除分手困惑的书籍。如果此时此刻，你刚好遇到两性情感问题、分手困惑，或分手后久久不能重新开始一段两性关系，此书便是"你"的另一个世界。

——宁叶涵 复旦社会心理学博士，心理咨询师，音乐治疗师

人们常常以为心理咨询的职责是治疗疾病、解决障碍，但好的心理咨询师还会让人在合适的契机遇到更好的自己。分手、离异、离职这样的转折期便都是最合适的契机。如果你正处于这个阶段，或常常处于这个阶段，那么我推荐你看这本书。

我的同门雪敏博士拥有多年的心理咨询经验，她在这本书中用最恰当的心理咨询技术教你包扎伤口、认识自己、解决原生家庭问题，让你在拥有爱与被爱的能力之后，重新出发，收获真正的爱情。

——齐巍　复旦社会心理学博士，
资深心理咨询师，小糖豆心理创始人

我们身边不乏这样的朋友：他们陷入在一场糟糕的恋爱中，却更害怕分手，所以只好忍着。对分手这件事的恐惧，阻碍了他们真正去爱。

如何在分手中保护自己的感情，安抚自己受伤的心，重建破碎的自己，是每个人的必修课。感谢曹雪敏老师的《分手心理学》，让我们终于有了可参考的依据。

——陈章鱼　"章鱼读书"创始人

爱情有甜蜜，也有苦涩。大多数人都难免经历分手，假装无视分手的痛苦并不能摆脱困境，更不能收获成长。这也是我一直期盼着一本关于分手的著作的原因。

我的朋友雪敏既是心理学科班出身，又有充足的洞察力和见闻。由她来聊分手，讨论如何在破裂关系中自我重建，再合适不过。这本《分手心理学》有理论，也有实践；重观点，也重方法，对每个为分手所苦的人而言，都是镜鉴和观照。

——傅踢踢　青年作家，编剧，情感专栏作者

一位心理学工作者的一次失恋，于其个人而言是不幸，于读者而言却是幸运。雪敏通过勇敢地解剖自己的失恋过程，分析、总结、提炼出了这本《分手心理学》。我推荐恋爱中的人们读这本书，它能为被失恋阴影笼罩的朋友带来光亮，也能帮助我们以更好视角看待恋爱。

——李昂达、卢朵宝　微博"数知实验室"主编

人心里最隐秘的博物馆，是伤心博物馆。过往的回忆、不堪说的细节，都是馆内展品中存在感最强的部分。通常人们对此会选择避而不谈，让博物馆成为潜意识里被屏蔽掉的禁区，但雪敏的这本书像是一次温柔的讲解旅程，她会替你撕下封条，对你说也许不是这样的。我们都在扮演求而不得的角色，但阵痛过后的缓慢自洽，有着比情爱本身更深远的意义。这份清醒，也许是爱情的附加值里最珍贵的部分，多年后回望，你才知道自己经历了一个多好的故事。

——陆佳杰　青年编剧，自媒体博主

除了爱，更关键的是"自我"

在关于爱情的话题上，我们总是把关注点落在"爱"上。

当感情关系走向破裂（分手、出轨、出现嫌隙、逃避、开始冷暴力等）时，我们的疑问也常常是：是不是不爱了？是不是不够爱？

当我们这么问的时候，其实忽略了一个更重要的问题，"我爱你"中的"我"和"你"才是最关键的，只有当"我"和"你"都在用真实的、完整的自我相爱时，爱情才能深刻地、稳固地存在于"你""我"之间。

当感情破裂、亲密关系中的爱消失时，曾经坚信的"自我"也在随之破裂。于是，我们总能在生活中发现这样的一些人，他们在经历了一段异常痛苦的感情关系后，再也不相信爱了，他们变得克制、变得小心翼翼，甚至变得冷漠和游戏爱情。这其实是受伤的、破裂的自我没有得到重建的表现。

因为有自我，才能有爱情；能独立，才能有亲密关系。

很多感情关系问题的关键不在于"爱"，而在于"自我"。因为自我不够真实和完整，所以无法真正地相爱；因为自我无法平和地享受独立，所以强迫性地苛求亲密、却无法拥有真正的亲密。

这本《分手心理学》会提到分手、冷漠、出轨、感情消失等是怎么发生的，但更会集中于"自我"在这个过程中的变化，比如说，当感情发生变化时，你和他，你们两个人之间，发生了什么样的变化？

这段时期极为关键，因为这是人生的脆弱期，也是重塑你对感情的理解、重建自我的最好的时期——当感情破裂，你对自我、爱和有关人生最深的渴望与意义也都会浮现。所以越是在这样痛苦的时期，你越需要思考。而好的思考既需要知识，也需要借鉴其他人的经验。尤其是知识，知识客观而有温度，知识和经验会协助你在"重塑理解"和"重建自我"的这段时期走得更安稳、也更有效率，让你在重建自我之后变得更自在、更完整、也更强大。经历本身其实并不能让人获得经验和成长，对经历的思考和理解才是最有用的东西。

我希望这本《分手心理学》能带给你更好的思考，让你在读完以后对亲密关系拥有更新、更完整的理解，也让你的自我更加完整和坚韧。

这本书包含 5 个部分，每一部分都是重建自我的一步。

第一步和第二步是应急的两步，好比受伤后的紧急包扎。

第三步是包扎后的康复期，这期间我会带着你重新认识这段破裂的关系。

而第四步和第五步，是重新建设自我和认识亲密关系的两步，这两步需要更多、更深的思考，也是和你整个人生相关的两步。

我强烈建议你按顺序学习每一步，在每小节的最后，我都有为你总结这一节的要点和行动指南，你可以在生活中按指南去思考和行动，改变会在思考和行动中发生。

以下是每一步的主要内容。

第一步：情绪急救。脑科学和心理学的知识可以帮助你停止失控和自我封闭，减少触景生情的痛苦，让你也能主动寻求适合自己的帮助，以免不合适的帮助造成二次伤害。

第二步：维持低迷期的生活效率，降低感情破裂造成的干扰——用"坦白、舍弃和启动"进行时间管理，用"主动放手"减少对前任的强迫性关注，用权力视角重新决定要不要复合。当然，如果你读完以后还是想要复合，我也为你提供了管理"印象、目标和期待"的视角来协助你走上与幸福有关的复合之路。

第三步：跳脱单一的"爱与不爱"的视角，从"心理需求"的角度重新认识那段关系。也就是说，跳脱"恋人"的视角，从"人"的角度重新看待自己和对方，也从关系的视角重新看待爱情。包括：他为什么要离开你或出轨，感情的裂缝是怎么产生的，以及家长的反对究竟意味着什么，等等。

第四步：在平静以后从"心智模型"的视角来重建自我。学会自我关怀，减少自卑带来的消极影响，学着自我接纳。然后试着建设属于你自己的心理支持系统——好的支持系统能让你获得自我成长、自主幸福的实力。在心智模型的协助下，你会重新思考你自己、也会重新思考你的人生，在这个过程中，你会更有可能做出你内心真正想要的选择。

第五步：用心理学的视角重新看待爱与亲密关系——不再只是沉浸于浪漫之爱带来的感觉，而是认识爱、寻找爱和感受爱。我会带着你尝试认识并超越原生家庭的影响，试着去拥有真正的无条件的爱——跳脱"性别分工"的枷锁，从浪漫之爱走向落实到生活和相处之中的、属于你自己的、独一无二的亲密之爱。

这本书既写给正处于破裂期的人们，也写给心中依然怀着和爱有关的隐痛的人们——隐痛代表着自我依然是受伤的。

需要说明的是，虽然我在书中都用"他"来指代了另一半，但这个他并不特指男性，而是单纯指代了这段关系的另一个他。

这本书不只写给女孩们。我很希望不论男性还是女性，都能用更科学的视角、更真实的自我来面对爱情，让双方都能跳出性别的刻板印象来相爱和相处。

虽然在现实生活中，有很多男性在感情破裂后选择用事业重建自我（也有越来越多的女性正在这样做），事业当然是有力的，但在感情关系中受的伤，还是要在与感情关系有关的思考中重建。即使之后的人生选择单身，但对于留下隐痛的过往，你依然需要去直面和处理。

希望这本书能协助你走上重建自我的旅程，在这个过程中去拥抱真正的爱和亲密，这既包含你对自己的爱和亲密，也包含你和相爱之人的爱和亲密。

目录

第 3 章

寻找真正的真相

第 4 章

看见自己，重建自我

第 5 章

重新认识亲密关系，再次出发

致谢

每个人都在学习和守望相助中获得成长

第 1 章

从崩溃中爬起来

为什么你会想伤害自己

　　你好，此刻的我一直在想象，翻开这本书的你正处于什么样的状态，心情是好是坏？人是平静的还是迷茫的？你会翻开这本书，应该是书名《分手心理学》吸引了你，也许你刚分手，又或许，你正处在分手的边缘，你有很多困惑和无助，想用心理学找到那些为什么和怎么办——这本书的内容便是围绕感情里的"为什么"和"怎么办"。关于分手和感情破裂的种种，你都能在之后的内容中得到认知上和行动上的启发。

　　很多人在分手后，或处在分手的边缘时，总是想着去了解爱情、去了解对方，也想了解你们的关系是怎么发生了变化？——这些当然是重要的，你也会在之后的内容中找到这些问题的答案，但其实更关键的是，你要关注你自己。在感情关系中，无论是对爱的理解和体验，还是两个人的互动，你的自我其实发挥着最关键的作用。尤其是现在，你亟待在破裂的关系里重建自我。"破裂"是伤害性的，有痛苦、有悲伤；但"重建"是建设性的，有期待、有坚定，只要做好了，就是希望和未来。

　　分手后，人的心理往往很脆弱。这个脆弱也是因为关系破裂后，情绪中的自我正处在一个动荡期，几乎是一个支离破碎的自我。**人们会在关系中认识自我，关系就好比人们认识自我的一面镜子**。于是当关系破裂时，镜子中的自我也变得支离破碎，你甚至可能会看不到那个完整的自我，因为镜子破碎了，镜子中的自我也就变形了。

这时，你的自我亟待你努力去引导和拼凑，也就是重建。如果重建得不好，一个人对自己、爱情、关系的看法很容易走向消极的一端，不再相信自己，也不再相信爱情和他人，这会让人错失未来原本可以拥有的幸福。

如果重建得好，自我会像重生一般地变得更强大、更鲜活。其实，这个重建的过程是一个你自己重新创造自我的过程，是你在重建自己的生命和生活，也是你在决定要做什么样的自己、要为什么样的爱情和未来而投入。你要做好心理准备，这个过程会像跋山涉水一样艰辛，需要你深入地思考和练习。在这个过程中，你会收获新的知识和思想。你一定也会有疲惫、懊恼甚至是想放弃的时刻，重建自我是一个艰难的过程，对心灵是一个巨大的考验。正因为如此，你需要借助他人的经验，尤其是一些专业的知识和建议，这会让你在这条路上走得更安稳、更准确。只要你能接下这个挑战，坚持走完这条路，就一定会有豁然开朗和重获新生的那一天。

人要走长路，先要做好准备。但分手后的自我好比刚受伤的身体，你需要立刻做的是防止伤口的进一步恶化，以及对伤口进行包扎。所以在这个部分，我会先带着你对伤口进行紧急处理，而这一节就是最重要的第一步——先停止你对自己的伤害。

什么是对自己的伤害？

简单来讲，所有你正在做的、心里知道这对自己并不好的行为，都是对自己的伤害。其中，最直观的莫过于对自己身体的伤害，例如划伤自己、抽烟、喝酒等让自己身体觉得"痛"和"麻木"的行为。比较隐性的伤害是指责自己甚至对自己进行人身攻击，例如说自己是个没用的人。

怎么区分什么是对自己的客观评价、什么是对自己的主观指责呢？你要观察自己的感受，虽然这两者都会引发人的难过情绪和刺痛心理，但是客观评价不会让人绝望，因为客观评价就好比黑暗里的一道光，让你看到一部分真实的自我；主观指责就好比在黑暗中给自己又建了一个牢笼，让你压抑又不得动弹。

为什么你会在分手后伤害自己？或说，为什么有的人会有意伤害自己？有人认为，这是情绪失控的表现，这种说法有一定的道理，但是不全对。分手后的自伤行为，更多的是在表达自己的情绪，尤其是在表达自己的痛苦，你想让别人、让自己看到自己正在承受的痛苦，这是一种把无形化为有形的表达。

精神上的痛虽然如此煎熬又如此复杂，它明明是强烈的、极致的痛，但是因为语言本身的限制，即使你把正在承受的痛苦说了出来，你能表达的痛苦往往不及真实承受痛苦的十分之一甚至百分之一。

于是，这份痛苦变得十分孤独。你正在体会这份痛苦，却无法让别人理解和懂得，而且很有可能你只是体会到了痛苦，但你自己也不懂为什么这份痛苦如此深刻和复杂。精神上的痛苦，无形、孤独，却十分剧烈。这种无形和孤独让人十分恐慌，因为你不知道它会不会变得更加激烈，也不知道它会持续多久，什么时候能停止，停止了以后又会不会卷土重来？这会引发你对失控的恐惧。

人在恐惧时需要获得掌控感，也需要获得别人的理解。什么样的伤害人们只要看见就懂，甚至只要看见就会关注它并产生同情？答案就是身体上的伤害，身体上的伤害是一种所有人都懂的痛苦和表达。

当一个人自己伤害自己时，他其实会获得一种掌控感，既因为这个痛的产生是他自己主动创造的，也因为身体伤害的愈合有自然规律，他知道这个痛什么时候会愈合。这就是为什么有的人在遭遇精神痛苦时，会进一步伤害自己的身体，既因为他的情绪失控了，也因为这能带来理解和掌控感。

什么样的情绪最容易让人们伤害自己呢？

答案是愤怒，对他人的愤怒和对自己的愤怒。

愤怒是什么？愤怒是人类最原始的情绪之一，这种情绪会让人在最短的时间内调动所有力量做出反抗，这是一种强大的精神力。在人类历史上，人们在面对不公、面对其他人伤害自己至亲至爱的人时都会愤怒，在愤怒之下可能会做出"以牙还牙、以眼还眼"的攻击行为。这种攻击行为从核心意义上来说不是单纯为了报复，而是通过报复警告对方不要在未来再做出同样的伤害行为。

　　看到这里，你有没有发现愤怒之所以会导致人们伤害自己，是因为愤怒本质上就是一种引发警告和回击的力量。这份攻击如果不对外发生，就会转而对内发生。而且，所有的愤怒本质上都是对事情已经发生，而自己无能为力的愤怒。当对反抗感到无能为力时，攻击也无法对外发生，人就会对自己感到愤怒。于是，在这双重愤怒之下，对内发生的攻击会更加激烈。这就是为什么人在愤怒之下很可能会出现自我伤害的行为。

　　那怎么办呢？

　　应该停止对自己的伤害，转而去伤害别人吗？先等一等。一开始你不对外攻击，一定有你内心认可的不对外攻击的理由，或许是感情，或许是理性。在你没有想清楚自己要怎么做以前，不对外攻击是一个更好的选择，因为如果人忙于攻击，就没有足够的时间与精力来对内进行建设。

　　而且，归根究底分手带来的愤怒都是因为爱曾存在过，正因为爱得又深又激烈，才会在分手时遭遇同样激烈的痛苦和愤怒。虽然分手伤害了你，但只要你爱过，当愤怒的心情平复下来，你一定希望自己不曾伤害过爱你或你爱过的人。当然，有些分手带来的愤怒是因为分手包含了背叛，人会天然地对背叛感到愤怒，会想反击。我想要告诉你的是，你始终有机会反击，而且等到你更强大以后，你的反击可能会更有力，所以不要着急。

　　在你完成自我重建之前，先放下对外的攻击，把所有时间与精力都留给自己——因为现在是你重建自我的最好时机，强烈和复杂的情绪背后是你和最深处的自我进行联结和交流的机会。

现在我们继续聊聊愤怒。

什么样的分手会引发愤怒？是你觉得对方不该也没有权力这么做的分手，尤其是在你付出了很多甚至通过单方面的牺牲维持这段关系时。明明你才是那个可以提分手的人，明明对方对此应该表示感恩并且为这段关系付出更多，应该更珍惜这段感情，结果竟然是对方提了分手。他这么做，不仅否定了你的付出，还否定了你的感情，也就是彻底否定了你。面对这样的否定，人会觉得不公平和不甘心，这两个感觉是藏在愤怒背后的感觉。

人在情绪激烈的时候会关闭大脑理性思考的区域，这时理性处于下风，所以我希望你试着不要压抑自己的愤怒与情绪，也不要盲目地宣泄它们，试着换一种方式表达你的愤怒与情绪，好的表达会让你的情绪平稳下来。

那怎么表达才是好的呢？

你可以尝试心理咨询中经常使用的空椅子疗法[①]。在眼前放上一把椅子，想象对面正坐着和你分手的那个人，对着空椅子把想说的话一股脑儿地都说出来，不要修饰，也不要欲言又止，全都说出来。建议你把这个过程录下来，因为这既是在记录自己的人生片段，而且如果有一天你想要对这个阶段的你了解得更深，也可以把这些录音拿出来作为资料回顾和思考。

[①] 空椅子疗法：是格式塔流派常用的一种技术，是使来访者内射外显的方式之一。

　　除了空椅子疗法，还有叙事疗法 ① 中常用的日记疗法，把你想要说的话、想要表达的不公平和不甘心都写下来，留下你的"愤怒"。这些"愤怒"代表了你的过去，也代表了部分的你，你不一定要在这个时候就舍弃愤怒——因为让愤怒消失就好比让一部分的你消失，这其实与分手后急需看见完整自我的目标不一致。

　　你要做的是把愤怒留下来。空椅子疗法和日记疗法其实都是在帮助你表达和记录愤怒，让你先停止压抑，也先不把愤怒化为对外和对内的攻击或盲目地宣泄他们，把愤怒原原本本地表达出来，把属于你的愤怒留在你身边。只有这样，你才能既不被愤怒控制，又有机会使用你的愤怒。

　　现在我们来看自责。

　　自责的背后是这样一句话：都是我的错。当你因为分手感到自责时，你应该意识到，其实这是两个想法混合的结果，第一个想法是：你的错导致了分手，第二个想法是：分手也是个错误。你过去的错导致了现在分手这个错，所以你指责你自己。

　　但是，真的都是你的错才导致了分手吗？

　　以及，分手真的是个错误吗？

　　一段感情从开始到结束，包含了很多个阶段，彼此的相识、相恋、相处到分手，每个阶段都有每个阶段的困难和挑战。如果

---

① 叙事疗法：它摆脱了传统上将人看作问题的治疗观念，透过"故事叙说""问题外化""由薄到厚"等方法，使人更自主、更有动力。

真的都是你的错，我希望你能先把这些错记录下来。如果你真的觉得分手是个错误，我也希望你先写下来，为什么你觉得分手是个错误，这些错误分别都是什么，导致了怎样的结果。

为什么要写下来呢？因为这些问题的答案会随着你在读这本书的过程中发生的变化而变化。记录最初的答案既可以帮助你记录自己人生的重要阶段，也可以让你看到自己最后的改变——即使真的存在错误，只要我们能从错误中学习，就会迎来更正确的未来。

读到这里你会发现，本节的内容没有试图让你立刻改变，也没有试图和你讲道理，而是引导你慢慢地表达你内心的声音和情绪，引导你通过情绪认识自己、了解自己。

希望对于分手这件事，你能从质问慢慢走向疑问，然后看见这个过程中更完整的自己和真相，观察、分析这些真相，最后找到这些问题的答案，用答案创造自己的未来。

本节要点

- ☪ 亲密关系的破裂会带来自我认知的动荡，而动荡期是重建自我最好的时机。
- ☪ 自我伤害其实是我们在表达痛苦和孤独感的结果，也是我们在失控中寻找掌控感的行动。
- ☪ 愤怒本质上是一种警告外界和保护自我的情绪。
- ☪ 愤怒是自我的一部分，不要舍弃，要留下愤怒，并且建设性地使用愤怒带来的力量。

行动指南 🔦

① 用"空椅子疗法"或"日记疗法"把你的愤怒和想说的话都表达出来，并且留下记录。

② 觉察内心的自责，写下这些自责，等看完本书后重新审视这些自责。

分手带来的羞耻感如何释怀

分手或感情出现破裂以后，还有一个和愤怒同样伤人的情绪便是羞耻感，或再加上愧疚的感觉——羞愧感。

愤怒让人产生攻击性，要么对外攻击，要么对内攻击，无论哪种攻击都可能会破坏一个人的身心健康和人际交往。而羞耻感和愤怒不一样，羞耻感是一种禁锢的力量，它会让人退缩到某个角落，让人觉得真实的自己见不得光。羞耻感会阻碍一个人向外寻求联结和发展，禁锢一个人的成长和生活。

如果你在分手以后，或在某一段人际关系中总是感到自己有一种羞耻感，更直白地说，总是觉得自己让对方丢脸，总是害怕一些事情被别人知道和评价，那你就要警惕这种情绪了，你要试着把这种情绪控制在一个合理的范围内。什么是合理范围呢？适当的羞耻感或羞愧感是一种提醒，让人做出行动去改变和弥补，但如果羞耻感或羞愧感过于强烈，就会彻底变成一种禁锢。

无论是羞耻感还是羞愧感都有一个特征，就是这两种感受本质上是公开的。什么意思呢？这两种感受都有实际的或假想的观众，他们都产生于其他人对我们的所思所想、行为或错误等的评判。

所以当你产生羞耻感或羞愧感时，你的心中一定有某些人的目光和评价，可能是嘲笑、嫌弃、鄙视等。这些目光与评价既可能来自对方或其他人，也可能来自你自己，而这种情况在一段健康的关系中其实很少见。如果一段关系总是让你产生羞耻感和羞愧感，那么你需要改变这段关系或离开这段关系，在这一过程中，更重要的是减少它们带来的消极影响。

我想先带你向内探寻羞耻感或羞愧感的来源，然后再向外探寻羞耻感或羞愧感的"观众"又是哪些。羞耻感或羞愧感是很深很深的情绪和观点，情绪是一种感受，而观点是一种评价，两者几乎是互相交织又互相促进的。仅这一节的内容很难帮你迅速地根除这些感受，但应该能给你一些新的认识和启发。

我们假设两个人是正常分手的（不正常的分手可能包含长期的语言暴力或分手前的谩骂和诋毁等），一些人在分手后感到难过，觉得"他不爱我了""他离开我了"，这两句话在某种程度上都在反映客观事实，而事实的确让人伤心、遗憾和痛苦。

但分手后如果感受到的是羞耻感，背后通常有这么两句话："他抛弃我了""他不要我了"。这两句话和"他不爱我了""他离开我了"的区别是什么？这两句话把自己放在了一个被动又从属的位置上，自己处在被选择的位置，处在只能等待他人选择的状态，而当自己被选择以后便属于对方，对方不仅选择了你，也赋予了你的价值。

对方"抛弃"你，不仅意味着你觉得对方否认了你的价值，还意味着你觉得你和你的价值都消失了。不仅如此，在你的脑海里还有一些这样的画面：对方在指点你、嫌弃你、嘲笑你甚至是厌弃你，或有其他人正在因此嘲笑你和指点你。正是这样的想法和画面让人有了羞耻感。

那这背后是什么呢？是对自己存在感和价值感的恐慌和看低，也就是通常所说的"低自尊"。低自尊的人更容易体会到羞耻感。而在分手后，有羞耻感的人不仅视离开为"抛弃"，更是把"抛弃"的原因归结到自己身上，认为都是自己做得不对，所以对方抛弃了自己。

实际上每个人都会有所欠缺，都会有不足和不够好的地方，一些低自尊的人认为的"不好"，很可能只是所有人都有的"不完美"。

低自尊会反映在很多地方上，从自我批评到自我贬低，从不敢提要求到讨好型的行为模式（毫无选择地近乎强迫性地委屈自己去满足他人），从缺乏社交到离不开对自己很糟糕的人等，这一切都让人难受又强迫性地无法停止。

他很可能一直生活在对自己的批评中——没用、不聪明、没魅力、胖、皮肤差、过于焦虑、没有幽默感等，也就是各种各样的"不好"；而当你告诉他，他身上有闪光的地方，比如他眼睛很美、思考很严谨、善良等，他要么觉得你说的根本不是事实、只是在安慰他，要么觉得"这得看和谁比了"，他总能找到显得自己"不好"的比较对象。

低自尊既是一种感受也是一种观点。

那么，低自尊的人如果想要靠自己提高自尊应该怎么办呢？

让自己变得更好吗？——这是一个误区。

如果想找到提高自尊的方法，我想先和你聊聊"自尊"究竟是什么？"自尊"其实是你对自己是什么样的人的感受和观点。低自尊是消极的感受和观点，而高自尊就是积极的感受和观点。

看到这里，你可能已经明白：自尊本质上是一种主观感受和观点，而不是客观事实。所以，很多人在想要靠自己提高自尊时，常常会去努力提升自己，例如让自己变得更美、更有钱、学历更高、更幽默等，这么做对于原本就对自尊感持积极态度的人来说是有效的，但是对于原本对自尊感持消极态度的人来说，很可能无济于事，因为他始终能找到不完美的地方来"战胜"自己的努力和提高，重新回到自尊感消极的地方去。

你也许会想，既然实际做法不一定起作用，那我可以向自己暗示积极的自尊感。比如告诉自己：

☪ 我是一个人
☪ 我是一个有价值的人
☪ 我是一个有价值的、值得爱与被爱的人
☪ 我是一个有价值的、值得爱与被爱的、可贵的人
☪ 我非常非常可贵！

试着默念这段话 3 遍，仔细观察内心的感受，或许你会体会到交杂的温暖、有力、困惑和怀疑带给你的复杂的感觉。

但接下来，我要请你做一件不那么积极的事，请默念下面这句话：

☪ 我是一个没有用处的、没有价值的、一点都不值得爱
与被爱的、甚至不配为人的人。

这句话是很多低自尊的人进行自我攻击的一个极端例子。对
低自尊的人来说，积极的自我暗示和消极的自我暗示在无休止地
斗争，积极的自我暗示有时会取得暂时的胜利，但习惯性的消极
暗示却往往更为顽固。

对此我们究竟应该怎么办呢？

第一个重点是先暂时撇开感受，直接投入生活。用来评价
自己的时间与精力越多，可以用来投入现实生活的时间与精力就
越少。

试着用心理学中的"奇迹提问法"[①] 问问自己：假如有一天
你醒来发生了一个奇迹，你变成了一个高自尊的人，这样的情况
下，你会做什么？

这个问题的答案是什么，你可以现在就去问问你自己。如果
暂时想不到答案也不用着急，这本书会慢慢带着你找到你的生活
答案。

另一个重点是找到真相，比如对分手结果的归因——对方是
不是因为"你不好"而"抛弃"你？爱情是什么？感情关系又是
什么？

---

① William R. Miller, Stephen Rollnick. 动机式访谈法：帮助人们改变 [M]. 王韶宇，
等译. 上海：华东理工大学出版社, 2013.

感情的起起落落与开始结束一直是一件很复杂的事情，刹那的心动也好，爱的突然或日益消失也好，这些事和"好不好"关系很小。比如，无论是多么人见人爱的人也会有人对他毫无感觉，无论是多么万人嫌的人也会有人对他死心塌地。再比如，同样是看伴侣的手机，有的人会觉得这是关心和好奇，带给他的感受是愉悦的、有趣的；有的人却觉得这是怀疑和防备，带给他的感受是紧张的、消极的。

其实我想告诉你的是：分手和你是否有价值或是否足够优秀没有关系。

分手丝毫不会影响你的存在感和价值感。存在感和价值感始终牢牢地握在你的手里，在你自己的心里、脑海里。

希望你能随着阅读慢慢发现原来你还有其他视角可以重新看待感情和感情中的问题，不再觉得是因为自己"不好"所以对方"不要"你了，重新发现一直在你手里的存在感和价值感。

接着我们来看羞耻感的第二个来源：外部来源。这是指一开始说的那些嘲笑你、指点你、嫌弃你的其他人，也就是来自外部的目光和评价。

我想请你放下书，回想一下，带给你羞耻感的"其他人"有哪些？也就是让你怀有羞耻感的观众是哪些？

你可能从某些渠道了解到心理学研究表明，其他人并没有像我们想象中的那样关注和在意我们，但这个结论并不是想要提醒你"正因为其他人不在意你，所以你不必为因为他们感到羞耻"。相反，他们很可能的确很在意你，所以才对你做出这样过分的事情。

　　这个结论仅仅希望你能明确自己的羞耻感的外部来源。你必须知道羞耻感是怎么来的，这样你才能知道谁、在什么样的情形下，会激发你的羞耻感。然后，你才能去辨别那些观众是善意的还是恶意的，是想激励你发展和成长、还是仅仅只想打击和消遣你（确实会有些人以取笑他人为消遣）？

　　如果他们的出发点是善意的、激励性的，那你要做的是告诉他们这个方法让你备受煎熬并和他们商量一下，让他们换一个方式。但如果他们的出发点是恶意的、打击性的，你要做的就是远离他们，而不是停下来与他们斗争，因为你投入越多的时间与他们斗争，你为自己而活的时间就越少。

　　如果努力之后还是远离不了他们，那就请你为自己奋起斗争一次，告诉他们：不要这么对我，我不接受。如果他们与你争辩，不用与他们讲道理，因为你们之间若是可以讲道理，他们一开始就不会这样做，你要做的依然是坚定地告诉他们：不要这么对我，我不接受。当你尝试再三，他们却依然毫无改变时（这是非常可能发生的事），试着告诉自己，他们的话你不必听，你可以按自己的意愿生活。

　　所有人生来都对这个世界持有开放的、好奇的态度，也总是关心与关爱自己。只有当周围人逐渐让他觉得自己是丢脸的、见不得光的、毫无价值的时候，一个孩子或一个成年人才会渐渐形成根深蒂固的低自尊。其实，根深蒂固的是那种羞愧的、羞耻的感受，正是伴随着这些感受，低自尊的观点才逐渐扎根。

　　所以消除羞耻感和羞愧感不是一朝一夕就能达成的事。

你既要更新自己的感受，也要更新自己的观点。

之后的内容会进一步帮助你做到这些。

本节要点

☪ 羞耻感和羞愧感都是一种公开的感受，这些感受都有真实的或假想的观众。

☪ 在一段健康的亲密关系中，羞耻感和羞愧感其实很少见。

☪ 你的自我价值感始终在你的手中，和是不是有人爱你、是不是有人离开了你没有关系。

☪ 羞耻感和羞愧感的背后还有我们对自我的消极评价，也就是人们通常所说的"低自尊"，而努力让自己变得更好并不能提高自尊。

☪ 想要真正地提高自尊，就要直接行动。更有效的方法是找到事情的真相并重新选择合适的环境。

行动指南

① 用"奇迹提问法"问自己：假如有一天你醒来发生了一个奇迹，你变成了一个高自尊的人，这样的情况下，你会做什么？——这个问题的答案是什么，现在就问问你自己吧。

② 找到羞耻感和羞愧感的外部观众，改变他们的行为或努力离开他们。

如何停止怨恨与悔恨

其实怨和悔本质上是一样的，只是对象不同。

怨是什么呢？就是你认为他原本可以不做那些事但他做了，或原本可以做一些事，但他没有做。

悔是什么呢？就是你认为自己原本可以不做那些事但你做了，或原本可以做一些事，但你没有做。

你觉得真实发生的一切是不应该的、是错的，并且你依然对想象中的"应该"版本怀有期待。

在所有深度联结和感情互动的关系中，怨恨和悔恨都太容易发生了。

因为深度联结意味着敞开，而敞开意味着伤害会更容易发生。在感情关系中，我们都会受伤。有时是有意的伤害，比如因为偏见、生气或想让你注意到他；有时是无意的伤害，比如因为焦虑、不安全感、忙碌或单纯的忽视。

现代的感情关系中伤害正在变得越来越常见。因为每个人都或多或少地有些焦虑和不安全感，每个人也都因为生活的快节奏而越来越忙碌，于是，当两个人在一起时，可能开心快乐是双倍的，但有时一个人的煎熬也会变成两个人的煎熬。

我们常常以为爱情可以安慰我们。当我们直白地袒露自己的焦虑、害怕和担忧时，爱我们的人的确会安慰我们。但是，每个人的焦虑、害怕和担忧常常以伪装的形式表现出来，例如指责、埋怨和冷战等，这时如果对方没能觉察到这些表面行为背后更深层的原因，便感受不到你脆弱的、正在寻求帮助的内在，只看得到那正在飞舞的刀光剑影。

很多伤害都在这样的误会下发生，而伤害一旦发生，两个人的争斗就会进一步。这争斗不是为了赢过彼此，而是为了证明谁更在乎谁——我因你受伤，是因为我在乎你，如果你也会因我而受伤，就说明你也在乎我。怨恨的背后都有两个字：在乎。

但不论伤害因何而起，伤害一旦发生，就成了事实。我们无法改变事实，因为我们无法回到过去。我们可能会一遍又一遍地回想这些伤害，这样做其实扩大了我们的怨恨。

在咨询中，来访者常常问的一句话是："为什么他要这样对我？为什么会这样？这不公平。"一个人之所以怨恨一件事情，一定是他觉得别人在这件事情上毫无值得理解或谅解之处。

而悔恨呢？悔恨是对自己，悔的是自己对对方造成的伤害，或是对自己造成的伤害。一个人会悔恨，也一定是因为他觉得自己在这件事上毫无值得理解或谅解之处。

怎么才能停止怨恨和悔恨呢？

怨恨和悔恨都代表在乎，只是它们都是具有伤害性的在乎的方式，你要用建设性和成长性的方式去看待——试着去理解和谅解，哪怕只是理解。有些理解最终会带来原谅和宽恕，有些理解会带来彻底的绝望和死心，无论哪种结果都是在消解这份怨恨与悔恨，终止内心因过去发生的事实而承受的煎熬。

理解不意味着给伤害找理由，理解是一个认识自己和认识对方的过程。即使你内心想着再也不要和对方发生任何关联，再也不要为对方付出任何精力，也可以试着去理解对方。

为什么呢？因为我们这样做不是为了对方，是为了我们自己，是为了解开正在让自己受尽煎熬的心结。而且，从根本上来说，这是一个认识和理解人性的过程，只要做得好，你就会理解感情中的其他人和事，这对你的未来也是有益的。

那么，什么是理解呢？原原本本地弄清双方是如何一步一步走向了伤害彼此的境地的。试着问自己或对方以下这些问题，如果问不了对方，就试着自己替对方找答案。

伤害发生前的那些日子，你在经历些什么，那些人和事带给你怎样的感受和想法，尤其是让你产生了哪些变化；在伤害发生的当天，造成伤害的事件是你临时起意还是预先计划好的，如果是临时起意，发生了什么事让你这样行动，如果是预先计划好的，又是因为什么选择在那天行动。

你知道这么做会对对方造成伤害吗；如果伤害的最高程度是10分，你当时预想你造成的伤害是几分；而实际造成的伤害又是几分；当你看到我（或对方）正在经受伤害时，你的感受和想法如何。

如果当天可以重来，你还会这么做吗？

　　问你这些问题其实是想找到下面 2 个关键问题的答案，第一个问题是，是不是在某种意义上，即使你无意伤害对方，但只要对方观察你更长久的生活状态和你当时所处的状态，伤害就几乎必然发生？例如，一个疲于生活、压力很大的人，对亲近之人的忽视与情绪发泄几乎是可以预见的。如果的确是这样，我们就可以知道这份伤害并不是针对我们的；也可以知道，不从一段时间而从整个人生来看，这份伤害只是一份人生积累或是命运的偶然导致的结果，并不存在靠一时意愿可以改变的可能性。想象中的"应该"版本其实不存在。

　　这样想会让我们放下对改变过去的执念，有些改变要发生，几乎需要把整个人生都回顾一遍，不只是两个人在一起的日子，还有更早的、彼此各自出生以后的日子，甚至需要彼此重新形成新的性格、思维和感情观等，真的这样的话，你就不是原来的你了吧。

　　第二个问题是，伤害是不是故意的，对方是不是根本不在意你的感受？他是故意用伤害的方式达成他自私的目的，比如让你完全服从他。通常，当人们明白这一点，怨恨中的"怨"就会消失，会留下更纯粹的"恨"。怨是因为对对方仍旧怀有期待，当不再怀有期待、怨恨只留下恨时，我们要做的便是减少恨意对生活的破坏，增强自己的行动力。

　　消解怨恨一直是比较难的，放下在乎和期待的关键在于，让自己意识到自己或对方所做的伤害或是偶然（伤害并不针对彼此，而是各种机缘巧合下的结果），或是必然（伤害的种子早就埋下，几乎无论怎么样都会发生），如此便能放下将事实改变成"应该"版本的执念。

如果暂时放不下改变的执念，我们就来看怨恨和悔恨背后的另一个关键点。

你怨的或你悔的，是伤害行为的本身还是伤害行为的结果？

首先来看怨恨。比如出轨，你怨恨的是出轨行为本身还是出轨后关系的破裂和痛苦的结果；再比如分手，对一些人来说分手便是伤害行为本身，而分手后的痛苦是伤害行为的结果。

为什么要关注我们怨恨的是行为本身还是行为结果呢？因为行为是一个人的行为，而结果是两个人共同造成的结果。同样的行为，两个人不同的互动，很可能会使事情走向不同的结果。

还是以出轨为例，被出轨的这一方有时候不仅失去了爱和爱人，还会失去一直以来的生活保障。当人们没有稳定的经济来源和住所时，生活的状况便会一落千丈。如果被出轨者之前也曾有发展事业的机会，却为了爱情牺牲了，那如今的局面几乎必然会带来怨恨。那么问题是，被出轨者怨恨的究竟是出轨行为还是他现在面临的局面？如果是混合的，哪个影响更大？或换个问题，如果局面与现在不同，比如自己的生活质量没有下降，甚至更好了，那么，怨恨的程度会不会小一些？以上文中被出轨者的情形为例，当被出轨者意识到怨恨的对象既包含行为也包含行为导致的结果时，就可能进一步意识到，行为已然改变不了，但结果依然有机会改变。

很多时候，人们混淆行为本身和行为结果，忘记了自己的主动性，忘记了即使我们改变不了行为本身，也我们依然有机会改变结果。即使对方做了伤害你的事，你依然有机会去减少这份伤害，也依然有机会让伤害不再发生。

所以，当你怨恨时，试着分清在多大程度上你是在怨恨行为带来的结果，然后问问自己，怎么做可以改变现在的结果？

接着我们来看悔恨。问问自己，你悔恨的是行为本身还是行为结果？

如果是行为本身，试着忏悔和道歉，哪怕是写一封对方不会看的信件，把心中所有的后悔、愧疚都写下来。这既是让悔恨有了一个"落定的空间"——在纸笔之间，也是让你的所思所想有了表达的机会。

当然，如果对方能看这封信自然是更好的。

需要注意的是，你所悔恨的过去很可能是对方心里的一根刺，是他或许想远离、依然很气愤的过去。你即使满怀歉意地道歉，也依然有可能被误会、指责甚至谩骂等，也有可能对方会告诉你他不想听、他永远不会原谅你，或他已经不在乎了。这时候，你要提醒自己，如果你只是想消解自己的悔恨感，对方没有义务去配合你。而如果，你想消解的是对对方的伤害，那么尊重对方的意愿是更重要的事。如果对方需要的是和你拉开距离，那就努力给对方他想要的，而不是把你的道歉强加给他。

如果你悔恨的是结果，例如对方正在经受的结果，又例如自己正在经受的结果，那问问自己和对方，什么样的行动可以改变这个结果？如果能做到的话就尽力去做、去弥补——不过还是要记住，一定要尊重对方的意愿。

总之，当我们怨恨和悔恨时，我们的确改变不了过去，但我们有机会接纳过去，改变现在和未来。

本节要点

☾ 感情关系越是深刻，彼此越是敞开，伤害也越难以避免，而这些伤害带来了怨恨和悔恨。

☾ 我们要用建设性和成长性的方式重新应对怨恨和悔恨。对事情的客观理解本身能带来宽恕或死心，它们之中的任何一个，都能让你放下。

☾ 判断怨恨和悔恨的对象是伤害行为本身还是伤害行为的结果，行为是一个人的行为，而结果是两个人共同造成的结果。如果你所怨恨的、悔恨的是结果部分，你依然拥有主动性。

行动指南

① 用这节中的问题或发挥你的智慧去提问，找到那些伤害行为背后的原因。

② 对于怨恨，发挥主动性去改变结果。

③ 对于悔恨，道歉并尽力弥补，记得一定要尊重对方的意愿。

不是每一个好心的朋友都能帮你

一段关系破裂时，我们还有朋友。与父母听闻分手后的担心、生气、埋怨和指责相比，朋友似乎能帮我们更多，因为他们既关心我们又不会过度关心我们。

而且一段关系结束了，生活中就常常会多出很多空闲时间。在空荡荡的时间和空间里，我们突然无人依靠。周末想有人陪的时候，夜里想有人一起取暖的时候，压力很大又想哭又想骂人的时候，那个他不在了，但朋友依然可以成为在身边或在手机屏幕对面的那个他。

更重要的是，爱情的结束和关系的破碎可能会让你猝不及防地变得不再"完整"，好像灵魂忽然丢了一半。分手时，我们失去的不仅仅是爱人和爱情，还有那个在爱情里的自己、爱人眼中的自己、曾经被爱着的自己。这时的我们，对自我的认识往往是迷失的，自信也会变得不再有底气，行尸走肉是悲伤的外在表现，天旋地转是内心深处正在发生的事。

而这时候，朋友却可以像一面镜子一样，让你既看到那个脆弱的你，又看到那个失恋之外的你，看到你身上依然存在的光芒和坚强。我们需要朋友，朋友在这个时候能帮我们找回一部分自己。但是，不是每一个好朋友都能在这个时候帮你，也不是每个好朋友都适合在这个时候帮你，如果你的求助对象恰好是"错误"的，那你很有可能受到二次伤害。

什么是二次伤害呢？就是在你的伤口还在流血、你还瘫在地上时，朋友不仅没能帮你止血、扶着你站起来，反而可能让你更为冲动或愤怒，比如，他可能会说："他实在太过分了，我们去找他要个说法，他怎么能躲着你、不肯见你，走，明天去办公室堵他！"又或用看似正确却冷冰冰的话让你更加压抑和沉默，比如："当时就告诉过你他不靠谱，现在分手了也是一件好事，赶紧往前看吧，别想他了。"那什么样的朋友可能不适合这时候求助呢？或什么样的朋友在这时候是好的求助对象呢？

我从两个维度将朋友分成了 4 种（见图 1-1）：

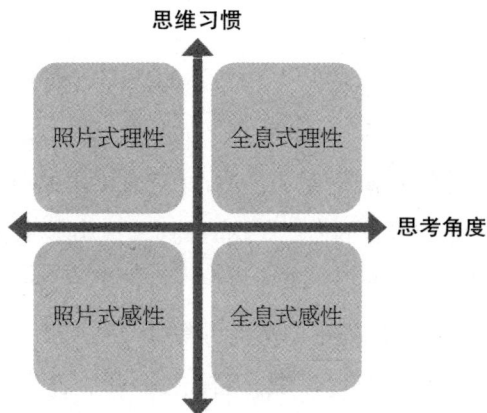

思维习惯

照片式理性　　全息式理性

思考角度

照片式感性　　全息式感性

图 1-1　四种风格的朋友

　　第一个维度是从思维习惯上，将朋友分为感性的好朋友和理性的好朋友，这个比较好理解。感性的好朋友会更关注你的情绪，你哭他会难过，你生气他会陪着你一起生气甚至比你更生气。理性的好朋友则会帮助你分析对错与利弊，或直接告诉你分手是好事，既然分手了就应该向前看。

　　第二个维度是从思考角度上，将朋友分为照片式的好朋友和全息式的好朋友。照片式的好朋友比较好理解，就是他平时对人或事的看法往往像照片一样，角度单一又固定。看问题的角度比较单一，形成的看法往往也比较绝对，比如"出轨就是渣男""男人就应该照顾女人，就应该送女人礼物"，等等。而全息式的好朋友，他的看法更完整、也更客观。比如同样的问题，他会试着回顾你分手的整个过程，从多个角度分析这个问题，还会试着找到双方在分手这件事上的责任。

　　要注意的是这四种朋友没有优劣之分，不同的朋友会带给我们不同的快乐，也会带给我们不同的体验。而且分手后我们在不同的恢复阶段也需要不同的好朋友帮助我们。

　　刚分手时，我们有两个重要的任务。第一个任务是，包扎自己的伤口，尽量平复自己的难过、痛苦和无助等情绪，不扩大这个伤口，不让自己有更糟糕的感受；另一个任务是，调整与这段关系相关的所有的生活上的打算和对未来的打算。其中一些关于更远的未来的打算我们可以之后再考虑，等到我们将自我重建得更好时再做决定，因为那时，我们能做出对自己更好，也让自己更幸福、更独立的决定，所以，关于更远的未来，我们先不要急，先等一等。但关于现在，我们必须尽快做出打算。

于是，刚分手后的这段时间的"怎么办"包含两个维度，一个是情绪上的怎么办，一个是生活打算上的怎么办。关于前者，相对感性的朋友更能帮助我们，而关于后者，相对理性的朋友更能给我们建议。

我们来具体看这4种朋友。假设现在的情况是：小A和男友在大学相识相恋，毕业后，小A读研，男友开始工作。因为工作的地方离学校较远，他们俩见面的时间越来越少，平时能打电话的时间也很有限。小A找男友聊天时，男友总是有事在忙、在打游戏或在睡觉。难得周末，他们约会、逛街、看电影时，男友也常盯着手机，时不时接一个工作电话。小A向男友抱怨，男友说这样他也没办法。后来再问，男友便显得不耐烦了。

小A越来越觉得男友不爱自己了。有一天，她越想越难过，又气又伤心地和男友在聊天软件上提了分手。原本以为男友会像以前那样立刻打电话哄她，没想到男友隔了好久，只是回了一句："你真的是这么想的吗？"

小A更生气了，便回了一句："是，我要分手！"

男友说："好，那我们分手吧，祝你幸福。"

小A看到这句话有些愣住了，回过神来后立刻开始哭，一边哭，一边找了室友们和实习认识的姐姐倾诉此事，而这几个人恰好分别是以上4种类型朋友中的典型，她们会做出以下回应。

照片式感性的朋友会说："他怎么可以这么做，宁愿打游戏也不来哄你！他就是逼你提出分手，不要再理他了！你值得更好的！"他们会关注你的情绪，但通常只会关注你的某一种情绪。而你在分手后，身上的情绪往往很复杂。但是，如果他们关注的情绪恰好是你分手后最强烈的情绪，他们会让你产生强烈的共鸣，会让你觉得自己不是一个人，你还有一个朋友紧紧地握着你的手与你一起发声。

全息式感性的朋友会说："小 A 你是不是很难过……唉，你看你们以前也挺甜蜜的，现在这样真是可惜……也不知道他是怎么回事，唉，你难过你就哭吧，我陪你。"他们会看到你更多的情绪，不仅是分手后的，也有分手前的。你会觉得他们像一条温暖的被子一样包裹着你，和你一起抵御分手后的各种情绪。看到这儿，你可能会觉得全息式感性的朋友比照片式的朋友好，其实不是这样的，为什么呢？因为全息式感性的朋友比较温和，虽然能让你感受到陪伴和理解，却无法让你感受到强烈的共鸣，而人孤立无援时是需要强烈的共鸣的。

上面这两类朋友，在你分手后都能陪在你身边，这是最好的。照片式感性的朋友可以陪你一起呐喊，但他也可能会让你冲动行事。而全息式感性的朋友会在你冲动时帮助你平静下来，也会在你不想呐喊而想静静地倾诉时，听你慢慢诉说。

下面我们来看理性的朋友。理性的朋友也会关注你的感受，但是他们提到你的感受时，更多的是希望你能冷静下来，对未来做出打算和行动。理性的人更关注交流与陪伴对你的作用，他们也是为你好，这个好更偏向有实际用途的好。比如：

照片式理性的朋友会说："可能他工作以后人变了和以前不

同了吧，既然你们两个人都已经决定分开，就好聚好散吧。你也整理整理，专心读研，也为工作好好做准备。"他们会分析你的情况并且给出建议。但是照片式理性的朋友给出的分析角度通常比较单一，结论也比较绝对。这些分析和结论有时是对的，但有时也会出现很大的差错，毕竟他们可能不了解事情的全貌。另外，他们会试着从"为你好"的角度给你建议，这些建议是他们认为更好的做法，但对你来说，这个建议可能恰好是你最合适也最喜欢的，也可能是你并不赞成的做法。

看到这里，你可能会犹豫是否向这个类型的朋友求助。

不过，在我们茫然失措但又必须做决定并行动时，这个类型的朋友会给我们很明确的指令，只要指令本身有利无害，那照他的话去做是不错的选择，比如上文中的"好好读研"就是个有利无害的指令。再比如去旅游、去健身、去看书等也都是有利无害的指令。这类朋友就像一望无尽的黑暗中的灯塔，让你不迷失。

全息式理性的朋友会说："可能他工作后经历了一些事，可能他也承受着很大的压力，你们现在这样都不冷静的状态可能也很难沟通。先别急，这两天冷静一下。等之后冷静一些了再做打算，反正你们以前是同学，也不是分手了就再也见不到了。"他们会试着帮助你，不仅从你的角度，也从对方的角度做出更全面的分析。而且他们给你的分析和结论都是开放性的，不像照片式理性的朋友那样会斩钉截铁地得出结论，全息式理性的朋友会试着推测很多可能性。

另外，他们也不会给你明确的指令，因为他们知道生活是你自己的，你最明白自己发生了什么事、需要怎样的现在和未来，所以他们不会替你做决定，他们通常会给你一些帮助你更好地做决定的建议，比如上文的"先冷静一下"，再比如，他们可能还会引导你去了解更多的信息，了解在分手前后究竟发生了什么事，对方在这段时间是如何思考的，有没有其他重要人物的参与和影响，等等。比起给出结论，他们更在意如何引导你搜集信息，然后让你自己得出结论并做出决定。

这个类型的朋友看起来如同良师益友，但如果你当时在感情上很脆弱，在意识上很茫然，他们的分析和建议你不一定会有力气去完成。在分手后，我们也许会经历一段气若游丝的日子，那时的我们很虚弱，这个虚弱不只是身体上的虚弱，还有精神上的虚弱。所以，虽然他们给的建议很好，但得等我们有力气了再去思考和实行。

上面这两类朋友，也是最好都能陪在你身边。因为前者给你的结论如果太片面，可能会让你做出错误的决定，而这个时候后者就可以拉你一把，不让你走偏。当后者给出的建议让你觉得太繁杂难以实现时，前者能让你先行动起来，只要行动起来，不留在原地，分手后的我们确实就会感觉好些。

看到这里，你的脑海里或许已经浮现出对应的朋友了。又或有些类型的朋友你暂时还找不到。那我们可以试着在生活中发展，他们会给你不同体验。

那有没有一个人能同时具备 4 种特性呢？这比较难，虽然每个人在面对不同的事、不同的场景时可能会呈现不一样的特性，而且这些特性有时候会混合，但大部分情况下，人们会有一个比较鲜明的主要特性。

　　分手后朋友的陪伴很重要。如果可以，你应该尽可能找到这4种类型的朋友，他们会给你全方位的帮助和陪伴，会让你慢慢平静下来，慢慢重新找回你自己，也重新回归到你想要的生活中去。

本节要点

- ☾　朋友可以帮我们找回一部分的自己。
- ☾　但如果求助的朋友不适合，便会造成二次伤害。
- ☾　你的朋友无论在思维习惯上是感性还是理性的朋友，无论在思考角度上是照片式或全息式，都能在分手后为你提供帮助，你要有意识地选择不同的朋友。

行动指南 🔆

① 回顾身边的朋友，看看他们分别属于哪种类型。

② 写下你目前想要获得的帮助，向对应的、适合的朋友求助。

用这几个不费力的动作，
让身体先走出痛苦

分手以后，身体的痛苦丝毫不亚于心里的痛苦，而且身体上的痛也是一种切实的感觉。比如，悲伤、难过带来的心脏痛就是真实的。

你知道这是为什么吗？因为人在极度悲伤、难过时，会影响大脑和迷走神经的运作，迷走神经是身体内最长、分布最广的一根脑神经，它支配呼吸系统和消化系统。人在难过时迷走神经会失调，心脏就会受影响，心肌会缺血，你就会心痛。

所以，我们的心灵在受伤害时，身体其实也在真实地遭受痛苦。只是心灵太痛苦以致我们忘记安慰和照顾身体，甚至以喝酒、抽烟等方式去麻痹痛苦。因为太痛苦了，哪怕只能忘记一会儿，沉浸在幻想里一会儿也是好的。

烟酒都有麻痹大脑神经的作用，所以，其实喝酒和抽烟既转移了我们对痛苦的注意力，让我们把感觉转移到了烟酒对身体刺激上，还抑制了痛苦的记忆，增加了幻想的可能性。这就是为什么烟酒总是一部分人痛苦时的选择，因为它们实实在在地能起到一些作用。

但是，烟酒的二次伤害也是真实的，无论是第二天头痛欲裂、恶心想吐的感觉，还是烟酒对大脑和身体健康的影响。所以希望你不要用烟酒来缓解身体的痛苦。正如《愉悦回路》这本书中所说："因为忘记和麻痹都是暂时的，痛苦没有丝毫改变，而且烟酒还会对大脑和身体造成二次伤害，这种伤害甚至会持续很多年。"

当有一天，你想以最好的自己爱他人，无论是爱恋人还是爱孩子，或当你想体验这个世界时，好的身体和健康将是你无比渴望的。

所以，我们尽量用一些真正能照顾自己身体的方式来解决痛苦，好吗？

下面这些方法，是我自己和很多朋友结合理论知识和实践后得出的经验，咨询中我也用这些方法帮助了很多痛苦的来访者。有些方法看起来很朴实，甚至有点老生常谈，但有用的方法就是最好的方法。相信我，去尝试一下，你会感受到真正的改变。

分手后最让人感到挣扎的莫过于触景生情，所以人们总用旅行来治愈分手的痛，因为一个陌生的地方可以避免触景生情。

但旅行不是长久之计，很多人依然要回到原地继续生活，也不是所有人都能在分手后有一场说走就走的旅行。我们还是要住在原来的地方，走一样的路去一样的学校或公司，面对熟悉的脸庞。这些"一样和熟悉"都会唤起我们的难过的回忆。

那怎么办呢？

你要主动给大脑制造陌生感。所有的触景生情都是因为大脑的本能注意到了某个熟悉的线索，这个线索唤醒了你的记忆和感受。但大脑还有个强烈的本能，就是当熟悉环境中出现新的事物时，它一定会注意这个"新"，这个新带来了陌生感，大脑会对它产生警惕和好奇。旅游其实就是制造陌生感的方式。

那怎么在熟悉的环境中制造陌生感呢？

在你住的房间里，我们既可以变换家具的摆放位置，也可以贴海报、贴墙纸改变你每天睁开眼后见到的景象。当然，除了这两种方法之外，你可能还会想到更好、更适合自己的做法。

我们追求的目标是：你每天睁开眼，会觉得房间有点陌生，有些角落还需要你仔细辨认，有些海报会唤起你内心的勇气和憧憬。除了房间，你还可以改换日常用的物品或办公室的陈设等，以这些小成本的做法增加陌生感。

看到这里，你可能也已经明白了为什么换个发型也能缓解分手的痛苦，因为换了发型以后，我们每次看向镜子都会觉得有些陌生，这会让你重新注意自己。

而这些陌生感会逐渐减少触景生情产生的悲伤。

接下来是失眠和抑郁。

失眠和抑郁常常相伴而生，而且彼此的互相作用会使两者都变得更严重。

酒精对治疗失眠没有用处，虽然人醉到某个程度会昏睡，但实际睡眠质量并不好，因为酒精会让大脑神经变得兴奋。而且由于酒精的刺激效果会逐渐降低，所以会越喝越没有用处。

那什么是有用的？晒太阳。

为什么是晒太阳？因为太阳有助于褪黑色素的合成，褪黑色素会帮助你在夜里成功入睡。太阳会帮助身体生成钙和血清素，这两者不仅对促进睡眠有作用（都有镇静神经的作用），而且钙会有助于新记忆的形成。分手后，大脑内记忆的更新离不开钙的帮助。而血清素则会让人快乐。除了血清素，多巴胺和内啡肽这两种物质也会让人追寻快乐。血清素可以靠晒太阳获取，多巴胺可以靠巧克力之类的食物获取。内啡肽又被称为"年轻荷尔蒙"，可以靠运动刺激分泌，因此最好坚持 30 分钟以上的运动。如果运动暂时对你有点困难，深呼吸也可以刺激内啡肽的分泌。

除了晒太阳和运动，饮食也很关键。我知道抑郁的情况下有时吃东西如同嚼蜡，甚至严重抑郁时吃东西还会恶心。但一定要吃，因为摄入必要的营养既能保证身体和大脑的健康，也会减少你的痛苦。人的痛苦寄居在身体和大脑里，这就是为什么想减少痛苦就一定要照顾好身体和大脑。

但是不要勉强自己。分手后有两种做法都会给自己带来压力，一种是放任自己，一种是严苛要求自己。严苛要求自己的人会不管自己是什么状态，该做什么就是要做什么，看到饮食很重要，就不管自己想不想吃，哪怕逼着自己也要吃下去。

最好不要这样做，对脆弱期的自己好一些。

心灵受伤时人们往往有一种错觉，觉得只要自己意志足够坚定、心理足够强大，就可以像伤害没有发生过一样生活，自己可以像以往一样要求自己思维和行动，要求自己没有任何一丝退步和懈怠。

心灵脆弱时，不要这样严苛要求自己，多照顾自己一些，你照顾得越好，你在未来就会越强大、越幸福。而且实际情况和人们以为的不同，无论你意志力多么强大，这时候你的思维和行为也无法同往常一样。因为身心一体，心灵受伤，身体也会受影响，而且心灵受的伤如果不经照顾，对大脑的影响会更加久远。在脆弱期，不管是对待自己的心灵还是身体，都要像照顾一个受伤的小孩一样，温柔又小心。

那怎么吃呢？有两个小建议。第一个建议是，如果吃固体食物很困难，可以增加流食的摄入，例如牛奶、豆奶、果汁、芝麻糊、蘑菇汤等。第二个建议是，健康的食物和好吃的食物有时是两回事，比如，甜甜圈很好吃却不那么健康。但是在分手后，愉悦起来就是"最重要""最健康"的事。所以你可以闭上眼睛问自己，过往的生活中觉得最好吃的食物有哪些？哪些是现在的你也有那么一丝想要试试的？为自己找来这些食物，然后细嚼慢咽地慢慢品尝。

如果有时候过于悲伤，连吃的时候也会忍不住哭，你可以通过听音乐转移注意力，或看电影、电视等，尽可能在平静状态下吃下这些美食，为自己留下一些好吃的记忆。

一部分人会抑郁得吃不下，还有一部分人却会暴饮暴食。

极致的悲伤让人抑郁，但悲伤的同时还有一些人感到极致的焦虑，而焦虑之下，人就会暴饮暴食。

你知道吗？分手以后的孤独感和空虚感会让人更依赖食物，

因为食物不仅让身体不再寂寞，而且转移了我们对难过和焦虑的注意力。

如果你已经开始暴饮暴食，怎么办呢？整本书的内容对你可能都会有帮助，因为这些内容会帮助你调节情绪和认知。只是当下的你，可能更需要把注意力集中在食物上。

什么意思呢？先不要用意志力去阻止自己暴饮暴食，而是先让自己尝试缓慢地暴饮暴食，就是你告诉自己眼前的食物你依然要吃，但是比起以往地抓起就吃，现在我希望你告诉自己，你能静静地和它们待在一起，注视它们 1 ~ 3 分钟（建议设倒计时的闹铃），然后开始慢慢地吃。试着在吃的时候计时，目标是越吃越慢，你吃得越慢，就越能留意到自己真正的感受。感受会教你渐渐停下来。

但如果这些方法还是没有发挥作用，你可以尝试去医院的心理门诊就医，或进行心理咨询，让医生和咨询师帮助你一起面对饮食背后真正的问题。一些人对此可能会有顾虑，但实际上心灵受伤了去寻求帮助和身体受伤了去寻求帮助一样自然又明智，而且专业的人们会帮助你，让你的感受好起来，这对你来说才是最重要的事情。

最后，我还想分享一个帮助过很多人的方法，这个方法不仅能帮你度过分手期的煎熬，还有助于人生的建设。

是什么方法呢？看电影或电视剧，尤其是两种影视剧，一种是能唤起你的力量感和希望感的，另一种是小时候深深触动过你的，有时候这两种会重叠。

　　为什么是电影或电视剧呢？因为它们都是故事。而我们的人生是什么？我们的人生归根究底是记忆，是记忆中的各种片段和故事。分手后我们很容易封闭自己，即使人的表面行动是工作和社交，心可能也是封闭的。封闭时我们其实退缩到了一个角落，这个角落让我们看不到人生的更多可能。而影视剧能让我们在退缩的情况下依然看到其他的故事，看到其他的人生可能。而且故事会唤起我们的情绪，如果是悲伤的情绪，它能让我们释放压抑，如果是澎湃的情绪，它会唤起我们的力量感。

　　那如何选择影视剧呢？

　　唤起力量感和希望感的影视剧有很多，你要选择最能唤起你兴趣的，无论是有你喜爱的演员，还是故事情节和你的生活很像，或主角是你羡慕和崇拜的人。如果一下子想不到，可以按照励志电影排行榜选择，每一部杰出的励志电影都是对人性的深刻洞察，也是对人性光辉的精彩展示。

　　杰出励志片中的主人公往往依靠努力和积累获得人生的改变，与普通的因好运而获得的人生改变不一样，电影里的主人公不会回避人生中的坏运气和"人力有时尽"的事实，他们会尽力展现人生本来的样子。你就会从中看到人的坚持和努力会带来怎样的改变。而且，在这个过程中，你还会看到主人公身上也出现过很多自责、悲伤、愤怒、迷茫等各种消极情绪，他们可能和现在有点糟糕的你很像，这些励志片最终会让你意识到：无论现在的状态多糟糕，力量和希望依然握在你的手上。

　　除了励志片，另一个选项就是在你小时候深深触动过你的影视剧。这需要你多回忆，然后挑一两部你现在依然有兴趣的去看。相信我，重看小时候的影视剧会给你带来截然不同的思考和感受，小时候的你和现在的你跨越时空相遇，这是一种很奇妙的感觉——两个时空的你的感受、想法不断交叠，熟悉又陌生的想法和感受会合成一个全新的你。

你知道吗，这个方法甚至可以让你回忆起最初的激情和梦想。长大后我们总是要求自己做个大人，对待自己要么放任，要么严苛。而人们对小孩总是温柔的，这个方法会唤起你的温柔感，唤起你对自己内在小孩的温柔。

到这里，你已经知道了几个让身体先走出痛苦的小方法，我总结一下：减少对烟酒的依赖，主动制造陌生感抵御触景生情，靠晒太阳和运动缓解失眠和抑郁，要注意饮食，以及多看些故事。

最后，我想和你分享一个关键理念，也是人们在学习心理学后会逐渐形成的一个理念：任何时期都要同时关注和照顾自己的生理与心理，它们互相影响。

其实很多人会把心灵与身体割裂开来看，比如在分手之后的恢复上，人们总是试图在认知上告诉自己要积极、要往前看，却忘记管理身体。管理心灵和管理身体都很重要，并且两者有不同的管理方式，本节内容就是在和你分享这种理念与一些可行有效的方法。

希望你在生活中尝试这些方法，相信我，只要你尝试了，你的身体和心灵都会体验到痛苦被缓解，身心重新获得活力和掌控力的感觉，加油！

本节要点

- ☾　心灵的痛会带来真实的身体上的痛。
- ☾　烟酒可以暂时转移和麻痹痛苦，但长久来看，它们会给大脑和身体造成二次伤害。
- ☾　主动制造陌生感可以抵御分手后的触景生情。
- ☾　晒太阳、运动和健康的饮食对心灵和身体的恢复都很重要。
- ☾　好的故事能让你看向外部的世界，还能让你与你的内在小孩联结。

行动指南

1. 主动在熟悉的环境中制造陌生感，例如卧室、办公桌等，无论是贴海报还是增加新的物件，期待你的创意。
2. 在晴朗的日子里出门散散步，晒点太阳。如果怕晒黑，可以把手心放在阳光底下晒。
3. 每周尽量挑几天进行 30 分钟以上的有氧运动。
4. 注意饮食，吃你觉得好吃的东西。
5. 挑选你喜欢的、能触动你的影视剧，一边看一边感受和思考。

第 2 章

先要继续生活

低迷的时候，如何维持效率

当感情中的裂缝暴露在眼前时，在突如其来的冲击感后便会体会到各种激烈的情绪。这是一种从心底涌出的、难以抑制的暴发，有的人暴发的表现形式是吵闹，有的人是报复性消费或暴饮暴食。其实从积极视角来看，这是在彰显一个人的主动性和暴发力，只要这份力量转化得好，不管生活遭遇了多大的打击，人们都有机会前进和重建。

难以应对和转化的其实是那种从心底生出的绝望与悲凉的感觉，用画面比喻的话，就好像一座死气沉沉的城，城门紧闭，城内空无一人，寂静得仿佛一张永远定格的黑白照片。这种感觉有时压抑，有时又气若游丝。

与火焰般的激烈情绪不同的是，悲哀、悲凉、悲伤、哀伤、绝望等情绪都让人变得安静又低迷。看起来他已经平静了，别人都以为他放下了，但很可能只是充满活力的他消失了，并不是放下了。

如果你处于这个阶段，我想告诉你的是，虽然本节内容的主题是低迷时如何维持效率，但如果真的觉得很辛苦，也可以选择休息一下，不要太勉强自己。所有人都知道身体劳累时需要睡觉、休养，精神上的低迷也是如此，也需要休养，即使是单纯的睡眠也可以让精神重获新生。

不过，如果你还要完成学业或工作，要继续有必要的生活，比如照顾父母、养育孩子等，并且你的心中始终有责任和未来，也真心希望自己能够维持好这段时间的生活，希望本节内容可以帮助你。

简单地说，想要在低迷的时候维持效率，有三个关键词：坦白、舍弃和启动。

坦白是指什么呢？

坦白是说，当你低迷时，试着对父母、对周围的朋友和同事坦白你正处于一个低迷的状态，你可以直接告诉他们："最近这段时间我遇到一点感情上的问题，事情本身已经结束了，只是我的状态还不是很好，需要调整一段时间。但是有什么事还是可以直接告诉我，我也会继续努力把手上的事做好，只是可能会需要你们的帮助和包容。"

坦白的作用是什么呢？作用是即使你对他们的态度和与他们相处的方式有变化，他们也知道这是你自身状态的结果，而不会觉得你是在针对他们。这会为你减少很多这个时期在人际交往方面的不必要的麻烦。

为什么要按照以上这番话说呢？

人们在听到消极的事情时，第一反应大多是快速地安慰和转移话题，这不是因为他们不关心对方，而是因为他们不知道这个消极事件的背后有怎样深刻的伤害，于是不知道如何去安慰和应对。

所以，坦白的时候先要告诉他们这是感情问题，以免他们猜测成其他事情，例如财务、疾病方面的事；也要告诉他们事情已经结束了，以免他们关心则乱，在你不需要建议的时候依然想帮你出谋划策；接着表明你依然会试着做自己该做的事，无论是工作和学习，对父母来说，这会减少他们的担心，对同事来说，这会减少他们的压力；而最后一句，是在提前表示请求和感谢。

另外，人们可能会对你的状态低迷的原因有关心和好奇心，但是你不必为了满足他人的关心和好奇心暴露隐私甚至揭开伤疤。如果你不想说，你可以直接告诉对方："这个阶段我还不想谈这些事，以后有机会再说吧。"不必勉强自己去回应他们。在你低迷时，你更应该保护自己的感受。

关于坦白，还有一点比较特殊的情况想和你分享，就是如何对还不懂事的孩子坦白？尤其当感情问题与孩子的爸爸或妈妈有关时。

孩子能感知你的状态，如果你有所隐瞒，孩子会感受到现实中的矛盾和不真实，这会影响孩子对现实的安全感。而且，一些懂事的孩子很可能委屈自己来照顾爸爸妈妈的感受。所以，你要直接告诉孩子："爸爸（或妈妈）这段时间遇到一点让人难过的事情，所以状态不太好。但爸爸（妈妈）难过不是因为你哪里不好，爸爸（妈妈）很爱你，即使难过的时候，也在爱着你，也尽力想要对你好。"

孩子其实也能感知到爸爸妈妈的关系状态，也会有很多猜测。当孩子对感情关系还不了解时，猜测可能会使他产生十分慌张的想象，比如爸爸妈妈会突然抛弃他，等等。所以为了避免这种情况，你可以坦白地告诉孩子你们遇到了什么事。孩子不一定能理解你真正想表达些什么，但是坦诚温和的态度与沟通会让他觉得安全。

关于"坦白"，以上这些方法都是建立在环境比较友好的前提下的。如果周围的环境只会取笑和讥讽你的痛苦，你可能反而需要尽可能地隐瞒你的状况。如果你的情况真的是这样，我真心祝愿你通过自己的努力在未来选择一个更好的环境，你值得更好地对待。

第二个关键词是舍弃。

为什么是舍弃呢？

如果说生活、学习和工作是背着背包踏上一段旅程的，状态好的时候，我们也许可以背上更多的水、食物和其他东西，也许可以在走向目的地的过程中再做点别的事，但是当你状态低迷时，你要做的是减轻背包的重量，尽可能减少沿路需要耗费的力气，寻求合适的外力上的帮助，然后直接走向目的地。

也就是说，原本你有 10 件事需要或已经习惯去做，现在你要做的是，重新检查这 10 件事，然后问自己：这个能不能舍弃？如果不能舍弃，那这个能不能简化？有没有其他人可以给我帮助？或我有没有其他方式来减少自己需要投入的力气？

正因为状态低迷，所以才要把有限的精力都用在必须做的事情上。其实第一个关键词"坦白"的根本目标也在于减少人际交往需要额外消耗的力气，并且从人际交往中争取获得帮助的可能性。除了人际交往，你也可以从互联网等其他的渠道获得资源。

我还要和你分享一个心得，在你不断舍弃的同时，有些事和有些人反而要拿来。什么样的人和事呢？会给你力量的人和事。不论是你心心念念的愿望，还是你的兴趣爱好，又或是一位很久不见的老朋友。能找到这样的人和事，并且一点点落实行动，是一件既幸运又对现状很有助力的情况。

第三个关键词是启动。

其实，你想要在低迷时依然维持效率，说明你对自己有要求，并且是比较严格的要求，这是一件好事。只是当要求和状态不匹配时，以前合理的要求就会变成一种苛求，苛求会带来压力和失望，这无益于状态的恢复。

我想告诉你的是，即使状态低迷，你还是想要做到优秀甚至是完美，这份自我要求很可贵也令人赞叹。但是你有一生去达成这份优秀和完美，暂时的休养生息从长久来看，对未来的优秀和完美是有益的。

而且，当你关注"如何在低迷时保持效率"这个主题时，意味着事实告诉你，这个阶段很难像以前一样追求优秀和完美。你可能会因此恐慌或责怪自己变差了。

但我还是想用身体状态的变化举例，当身体在处理完劳累的事务后，疲惫与低效是很自然的事情。精神状态也是这样，经历了情感上的冲击后，精神上的疲惫与低效也是很自然的事情。这不是你的不足，而是所有人类的自然状态。

为什么你需要知道这些呢？因为在低迷时，有时候伤人、扰人的不是你的实际情况，而是你对自己的评价和指责，列举以上这些内容，其实是希望你对自己更宽容一些、更温暖一些。

当你在状态低迷时，要追求"开始做了"，而不是"做到完美"。也就是说，试着"最小启动"你要做的事情，先开始做，然后一小步一小步地完成。

什么是"最小启动"呢？举个例子，如果你需要做一个表格，那最小启动就是打开电脑，新建一个 Excel 文档，命名这个文档。试着找到每一件事的"最小启动"是什么，然后先启动，不追求立刻往下做，只追求"开始做了"。什么是合适的最小启动呢？就是当你想起这个最小启动，你会觉得这很简单，它没有难度，也没有压力。

在完成最小启动之后，你要设计一小步一小步达成目标的过程，也就是把任务拆分成一个个小任务，比如：收集资料、汇总资料、整理资料、列框架、想分标题、开始撰写等。然后分阶段一个一个地去完成这些小任务。小任务的作用和最小启动的作用是相似的，都是尽可能减少任务本身给你带来的心理压力，尽可能让行动指令变得简单又明确。

当你看向很远的远方时，低迷的你可能会想休息。但如果你只是需要踏出一步，那你只要抬起腿往前迈一步就是成功，这样你就会有信心、有力气去完成这一步。

最后，我想再次提示你的是，一定要先舍弃再启动，低迷的时候，舍弃比启动更重要。

本节要点

- ☪ 状态低迷的时候，效率变化是自然而然的事，不必苛求自己。
- ☪ 环境友好的情况下，适当地向周围人坦白自己的状态可以为自己减少人际摩擦。如果有孩子，向孩子坦白可以增加他的安全感。
- ☪ 正是因为状态低迷，所以要舍弃不必要的任务，集中精力去做重要且必要的事。
- ☪ 最小启动可以让你毫无心理压力地迈出第一步。

行动指南

① 写下属于你的向周围人坦白你正处于低迷状态的话语，并且提前写下你可能会用到的婉拒他人好奇心或关心的话语。

② 将目前生活和工作中正在做或要做的事项列一个清单，舍弃和简化清单事项。

③ 为上述清单留下的必做事项设计"最小启动"，将事项拆解为若干个小任务，每个小任务都需要有十分简单又明确的行动指令。

如何应对"一个人"时的
不安全感与恐惧感

感情关系里没有安全感是如何表现的呢?大概就是"我每时每刻都在观察你爱不爱我"。

大部分没有安全感的成年人都有一个缺爱的童年或一段毫无防备便遭到伤害的恋情,这些经历都会减少我们在感情关系中的安全感。

安全感是什么?这还要从英国心理学家约翰·鲍比(John Bowlby)以及他提出的依恋理论说起。孤单的童年影响了他的一生,在亲身经历的引导下,他毕生都在研究亲子关系对心理状态的影响。后来他的学生玛丽·爱因斯沃斯(Mary Ainsworth)对依恋理论做了进一步发展,提出了3种成人依恋类型(见表2-1)。

很多研究发现,小时候的依恋类型在很大程度上会一直延续到成年时代。成年以后,这3种依恋类型的人们在感情关系中分别会有这样的感受:

表 2-1　依恋类型

依恋类型	孩子小时候的个性	父母的教养方式	孩子小时候对生活的感觉
安全型	快乐，自信，有好奇心	总是关爱孩子，态度耐心温和，对孩子反应迅速	父母是我坚定的依靠
焦虑型	焦虑，不安	对孩子有时关爱，有时冷漠，阴晴不定	如果我表现好，父母就会对我好
回避型	淡漠	对孩子十分严格和挑剔，或十分冷漠和疏远	不管我表现怎么样，都没人管我

- ☾ 安全型：当与别人的距离拉近时，我感觉很自在也比较轻松。有困难的时候我会自然地向别人求助，不怕被人拒绝。我不担心被别人抛弃，也不担心如果暂时疏远了对方就不再被对方喜爱。

- ☾ 焦虑型：我经常担心对方不是真心喜欢我或不是真心想要和我待在一起，我希望与对方走得近些，再近些，但我总是觉得对方与我的距离没有我期待中的那么近，我的这种努力和期待有时会让对方感到压力，甚至会吓跑对方。

- ☾ 回避型：我不希望和对方走得太近，一旦走得很近我会感到一种压迫感和不安感。我无法完全信任别人，所以我也不允许自己依赖别人，我认为只有自己可以

> 依靠。对方和我走得太近时我会感到紧张并躲避他，
> 我感觉对方期待的亲密程度已经超过了让我感到舒服
> 的程度。

国外的调查显示，人群中大约 56% 的人是安全型，其余是焦虑型和回避型[①]。不过要注意的是，这不是一个非黑即白的分类，你可能发现自己在安全型和焦虑型二者间转换，或有时是回避型、有时是焦虑型，这与你所处的是什么样的感情关系以及对方是什么类型的人有关。

如果你非常在意这段关系，无法失去这段关系，那依恋类型就可能变成焦虑型。但假如你确信对方很爱你或离不开你，你就会拥有安全型的依恋关系。也就是说，你的依恋类型会随着你的变化而发生变化，即使你在过去的关系中属于焦虑型或回避型，你依然有机会拥有安全型的依恋关系。

安全型的依恋关系几乎是最稳固的感情关系，两个人彼此依赖又彼此独立，并且始终忠诚和体贴。发生冲突时，安全型依恋的人也能做出温和的让步，他会在冲突中继续表示关爱。

而没有安全感的人的依恋类型，其实都属于焦虑型或回避型。这两种类型在本质上都是不相信自己、对方和这段关系可以长久，因为不相信所以不断确认——焦虑型，因为不相信所以干

---

① Hazan C, Shaver P. Romantic love conceptualized as an attachment process[J]. *Journal of personality and Social Psychology*, 1987, 52(3).

脆放弃——回避型，他们背后都充满了恐惧和失控。

为什么会这样呢？

小时候，我们的生活依赖父母和其他成年人的帮助，如果他们总能关注我们的需求，或在我们偶尔无法被满足时也会告诉我们原因，告诉我们什么情况下我们可能需要一个人独处，独处时可以怎么做、怎么联系他们。因此，我们知道父母的缺席是暂时的，即使他们不在我们身边，依然关心和惦记我们，他们不会让我们一个人毫无准备地陷入孤苦无依的境地。我们既信赖父母，也相信自己一个人也能生活。这便会形成安全型的依恋关系。

但如果父母总是情绪化，对我们阴晴不定，甚至会让我们挨饿受冻、无端遭受打骂，这种直接影响身体和心理的攻击就会给我们留下恐惧感。

父母的阴晴不定还会让我们觉得亲近的人总是会无端失控。有时我们表现得好，父母会关爱我们；但有时我们表现得好，父母也会莫名地打骂我们，这些打骂突如其来。这种情况下，我们的行为对环境和结果几乎毫无作用——这会让我们觉得无助和失控。

于是，哪怕只有一点点的可能性，我们也会努力表现自己去争取父母的开心和回应，因为他们对我们的生活很重要，也因为我们爱他们，也期望他们爱我们。

在这样的过程中，我们会无比关注自己和父母的互动，因为我们既不信赖父母，也不信赖自己，这便会形成焦虑型的依恋关系。而回避型是什么？是父母日复一日的疏远或冷酷态度使得孩子总是失望，于是孩子干脆放弃与人建立稳固的关系。

成年以后，虽然我们对父母已经不再如小时候那般依赖，在感情关系中也知道恋人和父母有所区别，但是，相似的亲密关系（相似的爱和距离）会唤起我们的感受。相似的场景，例如冲突、吵架和远离等，更会唤起我们的感受。这就是为什么不安的感觉会一直延续到成年时期，本质上是因为感受深入脑海，相似的情境唤起了相似的记忆和情绪。

那么，怎么看焦虑型和回避型的人在行为上的表现呢？他们所有行为的目的其实都是重新获得控制，拼命努力是一种控制，完全放弃也是一种控制，这些行为都是希望把掌控感握在自己的手上。

也就是说，如果你缺乏安全感的表现更多的是一种不安的感受，那确实是安全感的缺失。但如果你已经有了缺乏安全感的行为表现，我希望你能先肯定自己，因为其实你已经开始通过自己的行为寻求安全感，这是一种主动性的体现。如果结果现在还是不太好的话，只是说明行动需要改进。

焦虑型和回避型的人为了在感情关系中争取安全感会采取以下行为。

当感情关系遇到压力时，

- ☪ 焦虑型：感到心烦，通过短信、电话等方式不断联系对方，会生气并指责对方。
- ☪ 回避型：会躲避压力，直接去做别的事，但内心会对对方感到失望。

与伴侣分开时（不是分手，是物理距离上的分开），

☾ 焦虑型：因为担心对方会忘记自己而经常联系对方，也会十分在意对方有没有快速回应自己。
☾ 回避型：会想念对方，但是什么都不说。

分手后，

☾ 焦虑型：会念念不忘，甚至自责，要很久才能恢复正常。
☾ 回避型：看起来很快就放下并忘记这段感情，会继续前行，或是投入新恋情和其他生活。

　　虽然以上行动很多人都在做，但为什么这些行动对增强安全感无效呢？

　　因为这些行动既没有增强自己独处或应对亲密关系的能力，也没有增进自己对对方的了解，互动方式本身没有增进亲密程度和信任。即使你当下收到了对方的回应并确认了关系的安全，也依旧会在看向未来时，充满不确定性和不安感。

　　所以真正要做的是增强与改善以下各项。

- ☪ 独处的能力
- ☪ 应对亲密关系中各种情况的能力
- ☪ 对对方的了解
- ☪ 彼此的互动方式

这本书的内容更多集中在增强你对自己的了解和独处的能力上，同时试图教会你重新看待亲密关系和应对亲密关系中的各种问题的视角和技能。如果你完成了这些，当你回想心中的那个他，或未来遇到心仪之人时，你了解自我的过程和收获都会帮助你了解对方，你和自己沟通互动的整个过程也会帮助你增进和对方的互动。

这节我们主要练习独处的关键能力——压力应对。

虽然焦虑型的人和回避型的人应对独处的方式看起来完全不一样——前者试图建立和外界的连接，后者看起来无动于衷，但他们有一个特征是一致的：他们在独处时无法保持与内在自我的连接。为什么呢？因为我们的内在自我有不安和恐惧，向内保持连接就是要直面不安和恐惧，这本身是一件很有压力的事。要学会独处，必须冲过压力这一关。

压力是什么？

本质上来说，压力是人们面对威胁时的一种反应，所以想要战胜压力，关键在于如何面对威胁。小时候被迫独处时受到的威胁是显而易见的，那是身体和心灵上的双重威胁。但是成年后，威胁已经发生了变化，你需要看到这个变化——同样的情形，对你而言也已经不再是相同的威胁了。

但我们具体该怎么应对压力和压力背后的威胁呢？

第 1 步：这一步看起来可能有点童趣，需要你先找到一件能带给你温暖和安全感的物件，最好是能在手里拿着、抱着，或是能包裹在身上的。为什么呢？因为接触所带来的安全感极其重要[①]，我们害怕独处的一部分原因是独处时没有任何接触。所以，我们在达成对内的自我接触之前，要给自己找一个物件，让自己保持接触以起到阶段性帮助的作用，这个物件可以是玩偶也可以是任何其他东西。

第 2 步：在物件的陪伴下，自己一个人静静地待一会。你可以回想过去那个害怕、焦虑的你，可以问问自己：此刻的我，正在害怕什么？把所有你害怕的内容都写下来，无论害怕的内容看起来多么莫名其妙，都一五一十地写下来，并对这些害怕的内容进行编号。

第 3 步：重新读一遍这些你害怕的内容，边读边观察自己内心的感受，找出哪些内容是你只是在读的时候都会浑身紧张甚至僵硬的，把这些内容用星号标出来。

第 4 步：我们先来应对那些没有标注星号的内容，写下编号，在编号旁写上以下问题的答案：

---

① Harlow H F, Zimmermann R R. Affectional Response in the Infant Monkey: Orphaned baby monkeys develop a strong and persistent attachment to inanimate surrogate mothers[J]. *Science*, 1959, 130(3373): 421-432.

与这个令人害怕的内容相关的最深刻的记忆是什么？

那时的我是怎样的？

那时的我无法应对这些令人害怕的内容的原因是什么？

现在的我发生了哪些变化？

哪些应对能力已经增强了？

如果想要更好地应对这份害怕，我还需要哪些技能？

我会率先增强哪些技能？

第 5 步：现在来克服真正的难点——这些标星号的内容。我猜想，标星号的内容大部分和两个主题有关：第一个主题是生存，关系到你的衣食住行；第二个主题是你的自我价值感。如果我猜的是对的，那我想告诉你，生存和建设自我价值感是每个人一生的功课，所以你不必为自己因这些内容产生压力而自责，你能把这些内容写出来恰恰说明你有足够的意识去面对这些压力。关于生存，我和心理学能提供的建议很有限，你需要到现实生活中寻找学习和练习的机会。但关于自我价值感，这本书将从第三部分开始围绕这个主题帮助你建设自我。而第一部分和第二部分则旨在帮助你看见自我、发现自我。

这 5 个步骤的练习，我建议你每隔一段时间做一次，直到你独处时也能镇定地面对脑海中的所有压力和威胁。我知道这 5 个步骤即使都完成也还不足以达成坦然独处的目标，但你先不要着急，先做好这些。在这节之后的内容中还会有更多练习。

现在我想和你聊聊单身歧视。为什么呢？因为成年后的独处会遭遇的压力除了来自童年的情绪，还有可能来自社会的影响，也就是单身歧视。

什么是单身歧视呢？就是一个人因为单身受到了不公平的待遇，比如，被贴上了可怜的、孤独的、不成熟、眼光太高、恐惧承诺等标签，或在一些情况下，因为单身而丧失了某些机会。

这种歧视会带来什么影响？会让人们既不敢单身也不敢恢复单身。于是，人们既可能迫于压力建立一段自己并不真心想要的关系，也可能迫于压力留在一段已经让自己伤痕累累的关系中。

人在压力之下很容易做出不理性的决策。有时人们会为了逃避单身的压力贸然进入一段自己不那么想要的关系，因为只要感情关系被建立，人们就达成了逃避压力的目标。但我们要注意的是，逃避压力和追求幸福完全是两种动力，只有在为了幸福建立关系时，彼此才有可能为了高质量的亲密关系不断努力。

为了逃避压力进入一段关系的人会给自己带来隐患，因为关系本身就对他制造了压力，那他同样可能继续逃避压力。这时候的逃避和他是什么依恋类型的人没有关系，更大程度上是因为他建立关系的动机错了——不是为了幸福，而是为了逃避单身带来的压力。

另外，为了逃避单身而进入一段亲密关系还会带来另一个隐患。追求幸福是人的本能，当婚恋关系维持了一个人表面上的成功以后，他的压力就会减小，这时候他很有可能会去追求自己真正想要的感情和生活——在这种情况下，分手、离婚甚至出轨都是可能发生的。

其中出轨是一种最具伤害性的情况。为什么有的人不选择分手或离婚而选择出轨呢？因为在一些出轨者心中，分手和离婚代表做人和与他人感情关系的双重失败，隐秘地出轨至少维持了表面上做人的成功，虽然实际上出轨是真正的错误。

为什么人们会觉得分手和离婚是失败的表现？本质上还是因为单身歧视。虽然实际上，两个人磨合以后发现彼此不适合生活在一起也很正常，这时候选择分手就像为了完成一场考试放弃一道题一样，是为了整个人生的成功。这种放弃和错误没有关系，是一种人生选择和人生策略。

人们受单身歧视的影响，一方面无意识接受这些标签和评价，另一方面可能把"自己是不是有人爱"等同于"自己是不是值得被爱"，他们害怕的不只是单身，还有没有人与自己相爱的这种情况本身，并且把被爱等同于自我价值感。

怎么辨别这种情况？

你试着在心中想象一下这两种情况，第一种情况是，有很多人爱的自己，另一个情况是，没有人爱的自己。这两个自己，对你而言的感受是一样的吗？你对这两个自己的评价相同吗？如果感受不一样，并且评价也发生了改变，那很可能你把被爱和自我价值感等同了。但实际上，无论你是不是被爱，你本身的价值并没有发生变化，如果被爱的你是有价值的，那么暂时没有被爱的你也同样有价值。

本节要点

☪ 依恋类型分为三种：安全型、焦虑型和回避型。不同类型的形成和童年的亲密关系有关，其中安全型的人安全感最强，焦虑型和回避型的人都容易缺失安全感。一个人身上可能呈现混杂的依恋类型，或在不同亲密关系中呈现不同的依恋类型。

☪ 焦虑型和回避型的行为表现，本质上都是为了获得掌控感。

☪ 要增强亲密关系中的安全感，就要增强独处的能力、应对亲密关系中的各种情况的能力，以及对于自我和对方的了解。

☪ 单身歧视正在阻碍人们以追求幸福为动机进入一段亲密关系。

☪ 无论你是否正在被爱，你的价值不会发生丝毫变化。

行动指南

① 判断自己在上段感情关系中的依恋类型。

② 练习应对独处压力的 5 个步骤。

③ 觉察自己、过往恋人，或身边其他人身上是否存在单身歧视。

总是忍不住关注前任或前任的现任怎么办

不论是主动分手还是被动分手，分手后还是忍不住关注对方是不少人都在悄悄做的事。得知对方有了新的恋人，可能也会去看看他的现任是怎样的。

如果这种关注行为只是偶尔进行的话完全不成问题，因为人总有好奇心，更何况对方是曾经与我们关系亲密的人。但如果这种关注超过了某个限度就会成为一个问题。

不过这个界限在哪里、有没有成为一个问题，其实完全由你自己决定。只要你觉得"不管如何忍不住关注"都不是问题，那它就不是问题，不必强加给自己一个问题。

很多人对心理学有个误区，认为心理学可以判定什么样的人、怎样的行为是有问题的，事实不是这样的。对于病态的人和行为，心理学会给出判断标准，因为这是在帮助人们解决问题。但对于生活中的各种人和各种行为，心理学同样包容多样性，只要这个行为不对自己、他人和社会造成困扰和伤害，不违反基本的道德伦理和法律规则，那一个人是怎样的、有什么样的行为，完全是每个人的自由和个性。

所以，在本节的开头，我希望你明白：

不要让心理学成为伤害自己或他人的工具，不要以某个人借助心理学得出的观点随意给自己和自己的行为贴上"问题标签"。是不是真正的问题，要么听从专家的判断，要么听从自己的判断。

本节是写给确实对这些行为感到困扰的人们的，让这些人看到困扰背后的东西，以及解决困扰的方法。

什么是"感到困扰"呢？

比如，同样是每天关注前任的社交账号，有些人甚至影响到了每天的情绪和生活效率，在外人看来这已经构成了"问题"，但有一些当事人就觉得这没什么——这种关注就关注了、对效率的影响会随着时间流逝自然地过去，所以他几乎不受困扰；而对另一些当事人，他的困扰可能会有很多：

关注影响了他的情绪，不仅有些内容本身会让他不开心，当他意识到自己还会因为前任不开心时，他更加不开心。

关注影响了他的时间安排，原本他有更重要的事想做。现在不仅重要的事没完成，还完全抑制不了这个冲动，为此更加自责。

所以，困扰和"问题"的区别是什么？区别就是，只要你不在乎这个问题，问题就不会成为困扰。但如果你在乎，除了问题本身是困扰，你对问题的看法也是困扰。想要解决问题，既要解决问题本身，也要解决对问题的看法带来的困扰。

现在我们来谈谈当忍不住关注与前任有关的事情成为一个困

扰时，究竟意味着什么，以及我们该怎么办？

分手后，我们突然变成了孤身一人，这个转变其实远比我们想象中的难熬。即使分手前无数次觉得这份感情带给自己的只有煎熬，或无数次幻想分手后会迎来一身轻松的自由，但直到真的分手后，我们才会发现分手后的生活和我们想象中的不一样。

分手后，没了那些煎熬，曾经彻夜打电话的夜晚、寒冷时紧紧挨着彼此的约会等平淡又甜蜜的恋爱画面便会涌入回忆。这时候，对方不再是那个讨厌的前任，而是那个寄托了这些美好过往的前任。我们在忍不住关注前任时，其实是在留恋这些美好。我们甚至可能会忍不住去想，要不要复合，以为复合了就能找回这些美好。

这其实是一种被情绪影响的选择性注意。

恋爱时的煎熬是真的，煎熬让我们讨厌这段感情，于是选择分手。

分手后的怀念也是真的，怀念让我们想要挽回，或至少是保持联系，因为当联系切断，这些过去的美好与怀念会突然无处安放。

我们会怀念过去的美好其实是因为煎熬消失了，当黑暗的煎熬消失，美好的光芒会变得格外瞩目。但其实，只要你静静地回看恋情的全貌，只要分手确实是深思熟虑后的选择，那么你就可以把黑暗和光芒重新放到一起，之后你就会发现，那些光芒在黑暗的笼罩下其实依然很微弱，你会回想起曾经在黑暗里窒息的自己，会重新意识到自己选择分手是因为什么。

　　忍不住关注对方有两个原因。一个原因是怀念，另一个原因是我们能够通过过去的恋情认识自己。我们想知道自己有没有"看错"对方，想知道自己的独特性和付出有没有在对方身上留下印记。我们在关注前任，或关注前任的现任时，其实是在验证自己过去的看法是否正确，是在寻找自己影响力留下的痕迹。毕竟，我们都希望自己深刻影响过相爱的人，这是爱情带来的很自然的希望。

　　而过去的恋情和恋人，其实和我们对"自我"的看法紧密相连，难以分开的不一定是自己和前任，还有现在的自己和过去与前任有关的自己。关注前任或前任的现任的背后，其实是我们在关注自己。这也很正常，我们都会在重要的人眼中和生活中寻找自己。

　　所以如果有一天，你内心对"有没有看错对方""有没有在对方身上留下印记"这两个问题有了答案，并且答案趋于稳定，即不再依赖现在的观察和判断时，你也会减少对前任的关注。

　　希望你看到这里时，无论你存在出于哪种原因对自己的自责，至少都能先放下对关注行为本身的自责，这些行为的背后是人性在爱情中的自然反应，你不必因此自责。

　　现在，如果你觉得关注行为已经不再是困扰，继续关注也没关系，并且你相信随着时间的增加和思考的深入，这个行为会慢慢消失，那对你来讲，这个问题就已经解决了。但如果你还是想立刻消除这些行为，那你可以继续往下读。

　　怎么消除这些行为呢？

在一般的理解中，我们常常认为要消除某个行为就要凭借意志力阻止这个行为的发生，用奖励和惩罚让这个行为发生得越来越少。

这么做是有效的，也是我们自己以及公司、学校等都在用的方式。但这个方法过度依赖意志力，而在感情和冲动强烈的情况下使用意志力是一件与大脑本能相违背的事情。所以除了这个方式，我想给你提供一个几乎不依靠"意志力"的方式。

怎么做呢？以前是阻止自己关注，现在我希望你主动要求自己关注，并且这个要求不是一种限制。

限制自己的要求是怎样的？比如，原本1天看3次，现在要求自己3天看1次，这便是一种限制，依然需要你靠意志力去控制自己。我不希望你这么做。

那不限制自己的要求是怎样的？这个要求最好接近于放任自己。比如，原本1天看3次，每次看了几分钟就和自己说别看了，那现在你可以要求自己1天看3次，每次必须看满15分钟，哪怕没有什么新东西也要看满15分钟，一天不看满3个15分钟就是没有完成目标。

这样做的好处是什么？

好处是，原本关注会形成一种刺激，这种刺激的发生与强度会随着新信息的出现而改变，你的大脑会深深记住新信息出现时的刺激，于是一次又一次地去寻找刺激。

但是现在关注成为任务，并且这个任务需要15分钟的长时间的注意，那新信息的刺激就会减弱，你的大脑会更多地记住关注时的"无聊"，而人总是很难坚持做无聊的事情，于是你的大脑就会渐渐对这件事失去期待和兴趣。

当然，如果你的前任很喜欢使用社交媒体，这个任务可能就需要增加时间和频率。但总体而言，用主动的长时间关注可以让这件事变得无聊。

最后，我们再来看个比较传统的方式：增加关注行为的阻碍，主动制造麻烦。这个方式需要一点意志力，如果你觉得自己在这个行为上可以使用意志力，那你也可以试试。

增加阻碍怎么做呢？假如你关注的是朋友圈，我希望你能屏蔽对方，同时取消对对方谈话框的置顶和星标朋友。于是，接下来你每次要看对方的朋友圈，就需要从朋友列表里找到对方，点进去看。这么做会让你的关注变得有点麻烦，时间久了，人总是会讨厌麻烦的。

那如果你关注的是一些社交媒体，你可以取消对他的关注甚至删了 App 本身，这样每次关注都需要重新搜索或下载 App，几次以后，你总会觉得麻烦的。这个方法的成败在于，你的意志力如果松动到不能主动制造麻烦，那关注行为还是会继续。

看到这里，你已经知道了关注背后的成因和改变行为的方法。

上文我提出的这两个改变行为的方法其实也适用于其他领域，比如，忍不住看小说、忍不住看短视频，等等。改变时，我们要尽可能减少对意志力的依赖，转而利用大脑的本能，也就是利用大脑对无聊和麻烦的本能排斥，让行为上的改变自然而然地发生。

　　下一节我会和你聊聊，如果你的关注是因为真的想要挽回，那挽回时要注意的是什么？

本节要点

☾ 分手后对前任的关注是感情关系结束后十分自然的反应，当这种关注对你而言确实成为了困扰时，你才需要改变。

☾ 分手会让过去的美好重新变得瞩目，这是因为那些真实存在的煎熬随着分手"消失"了。

☾ 我们会在过去的恋情中寻找自己，寻找自己存在过的印记和自己对对方的影响力。

☾ 意志力的确可以影响行为，但是，在感情强烈的人和事上，意志力很容易失效。

☾ 在改变行为的时候，我们要利用大脑对刺激的偏好和对无聊的排斥本能，在顺应本能的基础上让行为自然地发生改变。

行动指南 💡

① 给自己设计一套放任自己主动关注前任的任务，并且认真实行。

② 给自己设计一套增加关注阻碍难度的任务，并且尝试实行，如果实行不太成功，就转用主动关注的方法。

想要复合，如何挽回

想要挽回对方有 3 个要点：

1. 印象管理：当对方想起你的时候，对你持有正面的看法。这个印象包括 3 个维度，即过去的你、现在的你和未来的你。

2. 目标管理：把你的目标变成你们的目标。你要挽回他，这是你的目标。你们要复合，这就变成了你们的目标。

3. 期待管理：人总是会主动去做自己期待的事情。所以，如果你能把两个人在一起变成他的期待，那么他也会一起付出努力，两个人的力量总比一个人的大。

但是在分析如何复合前，我想先谈谈你为什么要复合？

有一些人想要复合是因为他不适应分手后的日子，觉得一个人无所适从，又回想起过去恋爱时的美好，就有了复合的想法；一些人想要复合是因为不甘心，觉得对方离开自己是对自身魅力的低看，是说明自己在这场爱情中输了，只有成功复合，才能重新证明自身魅力，赢回这场爱情的争斗；还有一些人要复合是因为觉得自己无法遇到更好的人了，分手后兜兜转转，猛然发现过去的他其实还不错，虽然当时对他很不满意，现在也依然不满意对方身上的某些地方，但与其他人相比，他着实已经算不错的选择了。还有一些人要复合是因为看到前任在和新对象暧昧，突然间觉得自己即将完全失去他，在这种感觉下做出了要争取复合的决定。

你看，每个人想复合的背后都有不同的动机和理由，这个动机和理由不一定是爱和感情。而基于上面这些理由复合的人，重新在一起之后能不能真的亲密、幸福又存在很大的未知数，如果两个人没有切实地发生改变，大概率依然会发生和以前类似的矛盾和问题。

好的复合理由是什么？

是你在分手以后意识到他身上有很多你真正欣赏的地方，他是你真心想要在一起的人，你想到以后在一起的日子就感到满足和期待。

回头看看过去你们在一起的那些日子，很多不愉快和误会都是因为彼此的相处方式和沟通方式不够好，只要双方提高相关的能力，就可以解决那些不愉快和误会。好的复合理由是对方是你想要的恋人，以及你觉得两个人重新在一起以后，你们不会再重复之前从亲密到分手的过程。

当然，如果你是对方想要争取的那个复合对象，你还要试着辨别一下他背后的动机是什么。坏的动机是自私的，是为了成就他自己；好的动机是出于爱和期待，是为了你们两个人的幸福。

如果是出于坏的动机，你们复合以后很难获得真正的幸福。

另外，如果你放弃一些东西，其实复合会非常容易。

放弃什么？放弃对平等关系的追求。

这种放弃当然和真正的幸福背道而驰，即使重新在一起也会受不少委屈并感到压抑。但确实会有一些人太想要复合了，于是不断放低姿态，低到尘埃里，以为牺牲会浇灌出爱情的花朵，但最终往往事与愿违。

千万不要放弃对平等关系的追求，不要哀求对方复合。一旦复合变成"求"来的，你们的关系就容易变成权力取向的亲密关系。

权力取向的亲密关系是什么？心理学上把亲密关系分为平等取向和权力取向两种。

我们常说的共识、尊重、理解、沟通和欣赏通常都发生在平等取向的亲密关系中。在权力取向的亲密关系中，控制和支配是底色。所以如果你发现你的关系或你身边的一些朋友的关系，对方完全不尊重、不理解你或你的朋友，沟通也根本没有效果，那不一定是沟通方法的问题，也可能是关系本身出了问题。亲密关系中同样也是"弱国无外交"，权力小的一方几乎很难和权力大的那一方沟通。这不是技巧的问题，是权力大的这一方意愿的问题。

亲密关系中的权力是什么？是经济地位吗？或是外表的好看程度吗？都不是。是两个关键词：改变和抵抗。改变对方的思想、情感和行为来适应和满足自己的要求；抵抗另一方施加的有企图的影响。权力大的一方就是在不停改变对方的同时，自身丝毫不受影响，也不发生任何改变。

权力大的这一方在亲密关系中会有怎样的表现？通常有三个特点：

第一，他追求自身的强大，无论是内心的还是物质的，伴侣是他达成目标的资源和工具。他并不关心伴侣的目标是什么，只有在伴侣的目标与他的目标有关或有助于他自己目标的达成时，他才会顾及伴侣的目标。

第二，他追求伴侣的听话和懂事，这会让他快乐。伴侣的自身意志是什么不重要，重要的是伴侣能不能理解和执行他的意志。

第三，他自己从来不肯低头。当伴侣反对或质疑他时，不管理由多么合理，他都不会接受，始终坚持自己的话语权。

你可能也意识到了在很多家庭中，父母和孩子之间的关系也是权力取向，权力越大的人话语权越大。而弱势的那一方，几乎丧失了生活的自主权。这种关系是具有伤害性的。

看到这里，如果你有点怀疑分手前的亲密关系属于权力取向类型，或担心复合后的关系会是权力取向类型的，除了上面所说的表现，在亲密关系中还有个判断方式，就是看你们之间的亲密行为，尤其是性行为。

是谁决定今天要不要进行性行为？是一个人说了算，还是两个人说了算？如果总是一个人说了算，那这个人就是权力大的那一方。

是谁决定性行为的时候要不要采取避孕措施？是会主动采取，还是需要另一方事后自己进行补救？并且这样的补救要发生很多次？总是要补救的这一方，就是权力小的这一方。

权力大小和依赖程度是相反的。

越依赖对方的那个人在亲密关系中的权力越小。这就是为什么想要挽回时尤其要避免权力取向的形成，因为努力挽回的这一方看起来更依赖这段关系，如果这种依赖延续到了复合以后的关系中，对方的高权力感可能会被唤起。

你可能会想，只要两个人之间是有爱的，高权力感又如何呢？他乐于有权力，我也乐于听从。但是，你知道高权力感会带来什么吗？

高权力感会让人变得拥有更少的共情，会打破承诺，也会增加攻击行为，包括身体攻击和关系攻击。什么是关系攻击？就是关系中的伤害和背叛等，尤其是出轨，这是更少共情、打破承诺和攻击行为增加的最极端也最典型的表现方式。

在感情中，爱是天性，但爱是人发出的，人除了爱，还有人性。当爱趋于平稳，人性在感情中会更加明显，而高权力感带来的人性几乎与爱背道而驰。

所以，我希望无论如何，你都要避免一段权力取向的关系。即使你是权力大的这一方，一段不平等的关系也无法带给你真正的爱和亲密，因为人总是想要平等地爱与被爱。

看到这里，如果你还是想复合，那我们来具体聊聊上文挽回对方的三个要点，即印象管理、目标管理和期待管理。

　　当然，以下三点需要在你们还有联系的前提下才能进行。但这个联系不是指每天都有交流，而是指你还能出现在对方的生活和社交圈里，哪怕是出现在线上。人在刚刚分手后的那段时间，会进入一个自我保护期，巨大的改变之后人首先会想要完全摆脱过去的一切，这不是因为和对方还有爱或感情，而是因为改变产生消耗和疲惫，所以我们需要休息。这时候，如果一定要与对方复合，只会让对方躲得更远。那具体要等到什么时候呢？至少要等到你平静下来，不再那么疲惫，重新感受到自身的活力以后。

　　印象管理是什么？是重新建立你在对方心中的印象。你们分手后，你想复合时对方却在犹豫，这意味着两点：

1. 他对你的印象让他想分手
2. 他对你的印象让他不想复合

　　这两句看起来好像没什么用，但你仔细往后看。对过去的你的印象带来了分手，对过去、现在和未来的你的综合印象让他不想复合。其中，对过去的你的印象是最主要的。

　　所以，你要改变他对过去的你的印象。但过去已经发生，怎么改变呢？你可以增加新的线索和看待角度。比如，他认为过去的你对这段感情不够重视，你要让他知道他只从比较明显的角度，比如只从是否赠送礼物来判断重视程度是不全面的，还要以其他角度为判断依据，例如你为他做出的性格改变等。总之就是找到他对你的印象是怎样的；他依据了哪些线索得出了这样的结论，增加这些线索，重新为他梳理判断过程。如果有机会见面聊自然是最好，但记得一定要保持"我只是和你聊聊过去"的平静态度，不要让对方感到你要改变他或驱动他去复合，不要给他压力。

现在和未来的印象管理的重点是什么？重点是展现真实的你自己。为什么不是展现最好的自己呢？因为复合是为了长久地在一起，只有在真实的你可以吸引对方时，你在长久的生活中才能始终保持吸引力。

接着我们来看目标管理。

什么样的情况下，复合也会成为他的目标？唤起爱和吸引力当然是重要的，更重要的是要让复合与他的需求联系起来，这里的需求不是说生活需求等，而是一个更广泛的概念，等你读完第3章，你会更全面地了解人在感情关系中的需求。

现在回到目标管理。很多人在挽回时总是拼命表达"我爱你，我想和你在一起"，却忘记真正重要的是对方的意愿和目标，更重要的是让他知道和你复合能满足他的需求，并且只有和你复合，才能更好地满足他的需求，拼命表达我爱你很可能会让对方只感受到你的自私和你施加的压力。

什么意思？意思是他可能会觉得不论是单身还是和其他人在一起，都比与你在一起更好。这时，为什么和你复合是他最好的选择？这个问题你首先要说服自己，然后再去说服对方。

连自己都说服不了自己的时候，如果你真的爱对方，那就应该让对方静下心来自己做选择。

分手心理学

当你换位思考后，如果你依然认为对方和你复合确实是对方最好的选择，你要把这个推导的过程告诉对方，而不是只告诉对方结论。在说推导过程时，你依然要平和，保持"我只是想和你分享一个事实"的态度，不要传递你试图改变对方的想法，以免给对方带来压力。

现在我们来看期待管理。

挽回的过程如果做得不好，会让复合变成一个人的独角戏。即使最后对方答应复合，以后你回想起复合的过程，也只能体会到那种与当初恋爱前两个人共同努力截然不同的艰辛和不安。

更好的复合过程是，对方也渐渐做出试探和努力，他意识到了你的美好，也看到了你的真心，他知道你还喜欢他、想和他继续在一起，他也有点想和你复合，他甚至有点担心你会突然改变心意不再努力复合。

这个"担心"是重点。怎样唤起他的担心？首先，一开始说的平等关系的态度至关重要，你要让他明白你是因为平等和幸福才想与他复合，如果这段关系总是需要你委屈和妥协才能维持下去，放弃也会成为你的选择。如果你选择放弃，并不是因为不爱他，而是因为你知道即使你们在一起，只要他不爱你，不做出努力，你也不会幸福。

其次，让他知道你是自由的，而且你也有其他选择机会。怎么展现自由？展现分手后你生活中的精彩之处，让他看到这些精彩是你主动创造的。至于其他选择机会，这点做起来要谨慎，因为尺度很难把握，怎样算是谨慎呢？就是你让他知道你也有别的追求者，但你只给对方公开接触的机会，例如聚餐等，而没有给对方私密相处的机会。

不要主动向对方展现这些，要让对方不经意地看到。人在受到压力时会更想躲避，所以要减小压力，而这一切都是为了消除对方的压力。

基本上，到这一步，复合的可能性已经提高很多了。但谋事在人，成事在天，爱情有时候还是需要一点缘分。

最后我还想补充一点，心理学中的心血辩护效应（Effort Justification[①]）会在复合过程同时对两个人发生作用，这个效应是指："在一件事情上付出得越多，就会越喜欢它"。

一个人在一段感情中主动付出得越多，就会越在意这段感情，也会越在意对方这个人，这就是为什么在努力复合时，要尽可能让对方也投入时间和精力。

但我想提醒你，当你努力复合时，你也在不断地付出，对复合的态度也会更坚定。这时候你反而需要时不时停下来问问自己，复合依然是你真心想要的结果吗？是因为付出得越来越多，在"心血辩护效应"的作用下变得更想复合了，还是你真的觉得复合会让你更幸福？

如果你是因为舍不得让之前的努力付之东流，那么我希望你明白，你的现在和你的未来是最珍贵的，过去的就让他过去，你

---

① Aronson E, Mills J. The effect of severity of initiation on liking for a group [J]. *Journal of Abnormal & Social Psychology*, 1959, 59(2): 177-181.

分手心理学

应该追求你真正想要的现在和未来。

　　但如果你的确觉得复合会让你更幸福，我也衷心祝愿你在这条复合的道路上，最终能收获长久的亲密和幸福，加油。

本节要点

- ☪ 挽回对方有三个要点：印象管理、目标管理和期待管理。
- ☪ 怀着良好的动机争取复合，才能获得真正的亲密和幸福。
- ☪ "求"来的复合很容易让感情关系变成权力取向的关系，这会成为双方的煎熬。人总是想平等地爱与被爱。
- ☪ 挽回的过程中要充分关注和尊重对方的需求与意愿。
- ☪ "心血辩护效应"下，双方都付出更多会让彼此都更期待复合。

行动指南

1. 如果你想要复合，你可以觉察一下自己的复合动机，是好的动机——为了两个人的幸福，还是坏的动机——因为不甘心等？
2. 觉察一下自己过往的感情关系属于平等取向还是权力取向？
3. 为完成"印象管理、目标管理和期待管理"，设计一套属于你自己的方案。

一直放不下怎么办

其实不是一定要放下。

无论是美好的还是不那么美好的过往恋情，如果只是偶尔在心里想起，哪怕是时不时就会想起，只要对当下的生活和未来的生活是有助益的，那可能继续保持原状也是一件好事。

比如，曾经有人仿佛你是他的全世界那般爱你，虽然你们因为各种原因分手了，或那时还不成熟的你做了一些伤害对方和彼此感情的事。当你回想起这样的过往时，无论你是怀念还是懊悔，只要它能带给你温暖的感觉，能带给你让自己变得更好的动力，那就未必需要放下。

再比如，恋爱的时候，一些人会忌讳另一半还"想着过去"。其实想着过去不是什么问题，过去本来就是现在的一部分，无数个过去造就了现在的自己。但如果"想着过去"并没有让他变得更好，也没有让他更投入当下的生活和感情，那才意味着这是个需要沟通商议的问题。

真正的问题不是放不下，解决问题的方法也不是彻底割裂和遗忘过去，而且我们也无法割裂过去，因为它始终是人生的一部分。另外，需要"努力"去记的东西往往是记不住的东西，而真的需要"努力"去忘的人也往往是忘不掉的对象，因此不必抵抗自己的本能，不必"努力"放下。

我们真正应该做的是减少过去对当下的干扰和消极影响，把人生的过往转化为当下的养料和动力，去浇灌现在，去迈向未来，让未来开花结果。

关于愤怒、羞耻、懊悔、怨恨和不安这几种比较常见的情绪，我们在之前的几节内容中有过交流。绝大部分"放不下"的背后都与这几种情绪有关，这是为什么呢？

让我们重新观察这几个情绪。这些都是针对过去的强烈情绪，因为强烈，所以让人总忍不住回顾。

其中怨恨和悔恨让人想要"改变"过去，但过去无法改变，于是一些人会在自己的想象中一次又一次地回到过去，试图在想象里通过"改变"过去消除情绪。但这么做很难起效，因为现实依然会提醒人们过去的不可改变，提醒人们当下面临的失望。

而羞耻和不安让人想要"逃避"现在，想要逃避时，未来还没建立，于是只能退缩到过去，哪怕只是回忆中的过去。

愤怒比较特殊，是既存在于过去又存在于现在的情绪。人之所以愤怒是因为对过去存在不满，想通过现在的行动消除情绪。你已经知道了，如果愤怒转化得好，不失为一种有力的动力，但如果转化得不好，任由愤怒发展，也可能会对当下和未来造成破坏。破坏一旦产生，便意味着过去那种破坏性的生活依然在延续——过去不再是过去，过去与现在相同，过去就是现在。

这些情绪难免伤害和干扰我们，所以即使不是为了"放下过去"，也要试着平复这些情绪。

只是以上这些情绪都是负面情绪，除了负面情绪，有时候更让人无法释怀的是过去的那些美好带来的正面情绪。

所有人都会怀念美好的过往，回忆起这些过往时嘴角都会不自觉地上扬。

那么，什么样的情况下过去的美好会干扰当下呢？这其实和过去的美好没有太大的关系，而是和人们对当下的失落有关。

对当下感到失落、觉得自己人生的美好都发生在过去的人，更有可能在想象中逃回过去。这不是因为过去足够美好，而是因为他对当下十分失落。你问他，人生的什么时候最美好？他会告诉你美好的都在过去，美好的都已经逝去。你问他，现在的生活如何？他会停顿一下，若有所思地说还行吧。在他心里，和过去相比，现在是黯淡的。

但对当下的失落不是过去的美好干扰当下的唯一理由，还有另一个重要的理由。

人在任何时候都想要追求积极的自我评价和感受，之所以选择在想象中回到过去，是因为过去能带来积极的自我评价和感受。但是，与之相反的是有一些人处在失落的现在，他们没有怀念过去，他们会憧憬未来，因为对未来的想象会带给他们积极的感受。憧憬未来的人，即使当下是失落的，他在想象中也不会回到过去，而是前往未来。

放不下过去的人，很大程度上也不憧憬未来。与过去相比，他认为不仅现在是黯淡的，未来也是黯淡的。

所以，当你放不下过去的美好时，你更应该关注的是：为什么我对于未来没有想象和憧憬？怎么做才能唤起我对未来的想象和憧憬？

这两个问题一直是很有难度的人生问题，任何人想要找到这两个问题的答案都需要很多时间和思考，如果你一时找不到，不用着急，慢慢地读下去、慢慢地找，带着这两个问题去生活。也许你会在一些不经意的时候，感受到心里的那份想象和憧憬。

除了情绪，人们在分手后很难迅速改变的还有各种习惯和各种印记。

习惯的改变并不那么难，只要生活在继续，只要生活本身发生变化，新的习惯终究会渐渐养成。我们可以依赖生活和时间本身的力量改变习惯。

难以改变的是印记。

电影《春娇与志明》里，余春娇在和张志明分手后，与新的恋爱对象相处时，她突然发现自己已经"变成"了另一个张志明，新的恋爱对象欣赏的她其实是和志明在一起后的她。她在别人眼里闪闪发光的特别之处，也是她和志明在一起时，志明在她心里闪耀着的特别之处。

也就是说，别人喜欢的她，就是她喜欢的张志明。别人越喜欢她，就越是在提醒她，在她心里的张志明有多么值得喜欢。后来她哭着和新的恋爱对象道别："我很努力摆脱张志明，最后我发现，我成了另一个张志明。"这种放不下，几乎已经刻在了骨髓里。

只要两个人深深相爱过，长久相处过，分手后身上有这种印记几乎是必然的。因为相爱总是包含彼此相融的过程，这种融合深入灵魂。

如果印记的提醒让你痛苦，该怎么办呢？

像春娇这样，因为她爱过，也还爱着，不自觉地在自己的生活里继续和自己爱的人相融合而形成的印记，几乎无法完成去除。这就好像我们无法通过努力爱上一个人一样，我们也无法通过努力不爱一个人。你只要还爱着对方，身上存在这种印记几乎是必然的。

所以，如果你还爱着对方，那么就试着带着印记去生活吧，就算因此想起了过去的那个他时依然会感到难过，也试着带着难过去生活。

有时候，伤人的、阻碍人放下的并不是印记本身，而是我们对印记的评价。当你对印记的评价中性又自然，看待这些印记像看一年四季春夏秋冬、潮起潮落一般时，你或许就能带着这些印记过好自己的生活。

不过还有些印记和春娇这类的印记不一样，还有些印记是"疤痕"，比如，背叛留下的恐慌和不信任、长久的打压留下的自我怀疑和不自信等，这些印记与过去的经历有关，更与我们对人、对感情的认识有关。这些印记对人的影响不只体现在对现在的生活的干扰，还体现在当你想要再一次投入感情时，这些印记会让你隐隐作痛，也可能会让你在某些相似的情境中再次被重创。

　　比如，也许前任在出差时出了轨，于是再恋爱的时候，只要恋人出差，你就会感到不安。即使是自我控制力好一些的人，也可能会在恋人出差不回消息时感到不安，即便恋人曾提到出差后会有接连不断的工作会谈。

　　疤痕的处理方式和爱的印记不一样。只要你放下评价，顺其自然地投入生活，爱的印记的影响就会降低。

　　而对于疤痕，你必须直面它们，仔细检查这些疤痕下有没有隐藏的伤口，找到这些疤痕留下的原因——或许是一段恋情，或许是更早以前的人和事。然后试着通过努力重新认识疤痕发生的过程，找到消除疤痕的方法，或找到带着疤痕生活的方式——至少让自己不再因此感到悲伤、痛苦。

　　直面疤痕和对自己的未来进行提问一样，是难度很高的事情。人们对疤痕的第一反应总是遮挡和掩藏，因为它们并不美丽。但我想告诉你，它们同样是我们的一部分，你可以通过努力让这些疤痕开出一朵花，或变成你独一无二的生命图腾，提醒你人生中什么才是更重要的，激励你为自己的人生意义而活。

　　这本书的前两章，一直在和你聊感情关系破裂后立刻会遇到的问题，而接下来的三章会更深入本质，深入和爱情有关、和爱情中的自我有关的问题。这些问题或许能带你直面一些感情中的疤痕，带你重新认识感情中各种各样的现象和问题。你可能会从中找到消除疤痕的方法，也可能会在这个过程中把疤痕转化为生命图腾。

在我们度过感情破裂后的最艰难最动荡的那些日子后，是时候去重新认识过往的爱情和感情关系了。

本节要点

☾ 过去是我们的一部分，不是必须要放下。我们要做的是，让过去对现在产生积极的影响。

☾ 人们之所以放不下，有时是因为想要改变过去，有时是因为想要逃避现在。

☾ 如果他总是怀念过往，那他很可能是对当下感到失落，并且相比现在和未来，过去更能给他积极的自我感受和评价。

☾ 只要相爱过，留下印记几乎是必然的，我们可以带着这些印记继续生活。但如果留下的是疤痕，就要直面并且检查和处理伤口。

行动指南

① 你如果放不下过去这段感情，就试着找到自己是出于哪种情绪放不下以及放不下的原因。

② 如果你不仅放不下这段感情，还越抓越紧，例如总是无法自控地回想，这可能是心理学中所说的"反刍"。你可以通过搜索"心理学＋反刍"来获得更多启发，心理咨询也是你可以尝试的方式。

第 3 章

寻找真正的真相

他爱过我吗？他为什么要离开我

分手前后，无论是哪方提出的分手，只要是彼此都曾真心付出过，彼此常常都会问对方："你爱过我吗？"或问自己："我还爱他吗？"

爱是很难讲清的，因为每个人对爱的感受和理解都不一样。有的人在一日三餐中感受爱，有的人在惊喜浪漫中感受爱。很多时候，只要你心中觉得爱过，或还爱着，那对你来说爱就是存在的。爱带来的那种温度和重量，只要你体会过，就会有感觉。

当然，心理学家们也对爱提出了很多观点，其中最广泛的莫过于斯滕伯格的爱情三角理论[①]，他认为爱是激情、亲密和承诺。激情是什么？激情就是那些所有让你辗转反侧、心动不已、有时候甚至是嫉妒痛苦的感受。很多爱在最初都有激情的成分，这些激情让人欲罢不能。亲密是什么？亲密是两个人在一起，彼此都觉得温暖又安全。承诺是什么？承诺既是刚在一起时他说他爱

---

① Sternberg R J. A triangular theory of love[J]. *Psychological Review*, 1986, 93(2): 119-135.

你，他要和你在一起；也是在一起后，他为你做的一切和与你一起计划的将来。

所以，如果你还是要问："他爱过我吗？"你可以回想一下，你们之间是不是有过激情、亲密和承诺。

只是，除了激情、亲密和承诺之外，还有一个重要的基础与核心，就是他是否了解你，以及你是否了解他。很多亲密关系缺少的不是激情、亲密和承诺，而是了解。相爱一定要相互了解，不然我们爱的就是想象中的对方和想象中的爱情，那不是真正的爱。

有些时候我们既不了解自己，也不了解对方。亲密关系中有一种现象叫"假性亲密"①，什么是假性亲密？就是两个人虽然待在一起，有心动、有陪伴，也有规划将来，但似乎总觉得两个人之间隔着一些什么，总觉得有时候彼此是最熟悉的陌生人，他把你当恋人，却不了解你是什么样的人——他不知道你是怎么想的、不知道你为什么喜欢这些又讨厌那些、不知道你想要什么，等等。反过来也是一样的，很多人直到分手时都未曾真正了解过对方。

真正的了解是什么？是懂喜怒哀乐背后的原因，是懂那些重要决定背后的原因。

---

① Borg Mark B, Brenner Grant H, Berry Daniel. *Irrelationships: How We Use Dysfunctional Relationships to Hide from Intimacy*[M]. Central Recovery Press, LLC, 2015.

比爱更难的是懂得。彼此相爱，彼此懂得是爱最好的样子。

所以，如果分手后，你能多问一句："他懂我吗？"或"我懂他吗？"可能你会更容易找到你的答案。

因为虽然与爱相关的理解和理论有很多，但只要你觉得爱过，那就是爱过的。

分手以后，激情或许还在，但亲密和承诺都不完整了，很多人分手后之所以念念不忘、纠葛难断，都是因为依然想要拥有亲密中的温暖和承诺中的"在一起"。但是只要是分手了，即使拥有暂时的温暖，这种亲密也失去了安全感，因为彼此随时可以离开；而没有承诺的"在一起"也就无须有未来的打算，彼此不仅随时可以离开，在人生的选择上也不再是"为了我们"。

所以，分手后，不管怎么样，爱都已经不再完整。

为什么他要离开你？关于这个问题，我要带着你从另一个角度去看待，不再从爱不爱的角度，而是从"为什么"的角度。离开是一个决定，也是一个行动。我们要做的是一起探寻一个决定和行动背后的"为什么"，这个"为什么"在心理学上叫动机。

什么是动机呢？简单来说就是他为什么这样决定和行动，动机指向行动后的目标。也就是说，你要想明白他为什么离开你，只想过去是没有用处的，你要想的是现在和未来。离开你以后，他现在正在做什么，未来又想做什么。

比如，你们因为他的父母反对分手，那么分手后，他的父母对他的指责就会减少，他对父母的愧疚感也会减少；你们因为异地恋的冷淡和吵架分手，那么分手后，彼此就不会再经历吵架和冷淡带来的失望；你们因为与结婚相关的事情无法协商一致分手，那么分手后，彼此既有了重新寻找结婚对象的可能性，也避免了继续在一起而导致的更大的后悔，等等。

总的来说，如果想知道他为什么要离开你，你需要关注他通过分手这个决定和分手这件事消除了什么，又获得了什么？更清晰明了的表述就是，他满足了自己什么需求。

需求是什么？是需要加渴求。

是当初相爱时，他需要并渴求着的你的回应、你的陪伴，还有那些快乐与惊喜；也是现在分手时，他需要并渴求着的安宁，想要消除的相爱时的痛苦和不安，或需要并渴求着的自由，想要消除的束缚。

当然，除了这些精神上的需求，人在物质上同样也有需求，无论是衣食住行还是其他需求。

比如，所谓"抓住男人的胃，就是抓住他的心"这句话说的也是通过满足他对"好吃"的需求赢得他的心。实际生活中，如果一个人最核心的需求确实是享受美食，那么在彼此有爱的前提下，恋人这么做会产生效果。但如果这人不爱美食，就不会爱做美食的这个人，那么你即使成为顶尖大厨也无济于事。

所以，爱和被爱是亲密关系中最大的需求，而其他的各种需求则因人而异。

但只要有人想要分手，那一定因为是"继续在一起"已经无法满足他的需求，分手才能给他满足需求的机会。每个人的需求都不一样，你可以试着想想，去找到当初你们的相爱是满足了彼此什么需求，如今分手了，又在满足彼此什么需求。

分手不一定是因为两个人完全不再相爱，但分手一定和需求的变化有关。

看到这里，你可能会想，需求满足不是一件很容易的事吗？就算我对他的了解有限，他也可以告诉我他要什么，我给他即可。我爱他，只要我能做到的，我什么都愿意做。

需求满足不是一个如此简单的过程，也不是一件容易的事，它对双方的要求都很高，需要两个人的默契配合。

我们来看一下需求满足的四个环节：

- ☪　产生需求
- ☪　表达需求
- ☪　识别需求
- ☪　回应需求

其中，一方产生和表达需求，另一方识别和回应需求。

第一个环节是产生需求，有时候需求的产生很突然也很隐蔽，它不像身体会自然而然地让你知道饿了、冷了，需要吃东西、添衣服。当需求是无形的并处于情感层面时，需求的产生往往比较隐蔽。比如，你觉得不安，但你无法清楚感知这个不安，你只是忍不住地想要打电话、发消息给对方，想得到对方的回应。这样做表面上你的需求是聊天，但背后的需求是消除不安。

清楚地了解自己的需求是一件很难的事情，这方面做得好的人既能保持对自我需求的觉察，还要能在觉察需求之后知道自己的这些感受和想法背后的深层需求。

在产生需求并且知道自己产生了什么需求这个环节之后，我们来看表达需求。

在需求的表达上，常常会出现三个问题：

第一个问题，不表达，把需求藏在心里，期待对方有读心术。比如，我不说话，等着你发现我不开心了，等着你来和我沟通；再比如，今天上班很累，我回家后一进门就躺在沙发上，什么都不说，但我却希望你知道我很累，也希望你能让我睡一会而不是催着我快点去做饭或洗碗。我们不表达时，其实是在期待对方的主动关注和关心。只是，两个人虽然亲密，但终究是两个独立的个体，身体的感受不能共享，脑海里的想法也不能共享。对方猜得出你的感受与想法那是他比较厉害，猜不出也是人之常情。于是，需求不被表达时，错过几乎是必然的。

第二个问题，间接表达，通过各种方式暗示自己的需求，现在对方不需要猜了，但对方要翻译这些暗示，翻译的难度也不低。比如，你以"马上要放假了"暗示对方计划约会或旅游；再比如，你把门"砰"的一声关上，暗示对方自己很生气，等等。各种间接表达每个人都曾采用过，但是间接表达很容易被误解，也许对方听到你说放假时以为你在感叹终于可以在家休息一阵了，听到关门声时以为你只是不小心重重地关了门，而你关门是想一个人安静一会儿。

第三个问题，不提感受，不被满足或被满足以后，既不说难过也不说开心，什么反应都没有。这样有时会让人感到茫然。生活中总有些时候，两个人因为各种各样的原因一时没办法满足彼此的需求，但如果有需求的这一方即使不被满足也什么都不说，用沉默代替一切，另一方就会错过他正在难过或正在受到伤害的事实；又或他明明被满足了，也什么都不说，这也会让对方不知道自己做得怎么样，也不知道你是不是感到开心。表达自己的感受既可以让需求再一次被看到，也可以告诉对方你喜欢和讨厌什么样的满足方式。

那好的表达需求的方式是怎样的呢？

好的表达需求的方式是告诉对方：我需要你为我做什么，行动的指令越直接具体越好。比如，"我需要你多陪伴我，我们约会时，我希望你能放下手机，专心地陪我""我需要你给我一点独立的空间，当我说我需要安静一会儿时，你能让我一个人静静地待上半小时，然后我们再继续沟通"，再比如，"我需要你能在朋友前多给我留点面子，多夸我，即使不夸我，也不要在大家面前批评我，想批评我的时候可以私下和我说"。

是"需要"而不是"要求"。亲密关系意味着什么？意味着两个人的距离很近，两个人在拥抱彼此的生命，我们想要的是怎样的拥抱？是温暖又柔软的。需要就显得比要求更柔软一些，如果还带着真挚的感恩，拥抱就会有温度。

你与自己对话时也可以这样，不要再对自己说"我要求自己好好学习""我要求自己坚持锻炼"，而改成"我需要自己好好学习""我需要自己坚持锻炼"，对自己柔软一点。

人在表达需要时会显得脆弱，但爱会拥抱脆弱。所以，以后对你爱的和爱你的人，试着用"我需要"来代替"我要求"。

表达需求是这四个环节中最关键的。表达得好，两个人之间的需求满足就会变得容易很多，所以我鼓励你多练习表达。只要对方爱你且你采用了好的表达方式，对方一般都会做出回应，即使一时回应不了，也会给出解释。而且即使没回应，只要你接着表达，回应就是未来很可能发生的事。但我们还是简单看一下识别和回应中常常出现的问题。

第一个问题，忽视和回避，假装看不到或否认对方的需求。比如和对方说："你不需要这个。"再比如和对方说："认识那么久了还弄什么浪漫和惊喜啊。"

第二个问题，误判，错误地替对方决定他想要什么。比如和对方说："你现在不需要娱乐，你需要工作。"或说："你现在不需要研究事业，你需要专心照顾家庭、安心备孕。"误判的原因既有不懂彼此，也有不将对方看成一个独立的人，只是让对方配合自己、听从自己。

第三个问题，评价性的识别和回应，看到对方的需求后，不深入思考便做出评价，不思考对方内心真正的诉求。比如，吵架也是一种表达需求的方式，但一些伴侣对此会说："你怎么又和我吵架了，是故意让彼此都不高兴吗？"再比如，女方还是想要发展事业，恋人直接回应："一个女孩子为什么要那么拼搏事业，这样做没有意义，爱情和家庭才是最重要的。"评价性的识别和回应会带来什么问题呢？这种识别和回应会带来情绪，尤其当你认为对方的需求不合理甚至是懒惰、无能或自私的表现时，你就会有情绪，这样的情绪让人在回应时忘记沟通，而只是在释放情绪。另外，评价性的识别和回应本身就是在忽视对方的需求，忽视对方作为一个独立的人的想法和需求。

那正确地识别和回应是怎样的呢?

正确地识别是多询问对方的想法，反复确认对方是不是想要这个、想要的程度，在回应时多询问"为什么"，多询问自己做的是不是他想要的，而不是忽视、误判和评价。

不过，无论怎么样，如果表达得不好，识别和回应就都是难上加难的事。所以，在一段亲密关系中，你如果想要做好需求满足，还是要多练习自己表达需求的方式。

看到这里，我想你已经明白，需求满足看起来很容易，实际上却充满障碍和困难，一不小心就会做错。

这时候，我们再回到"他爱过我吗，为什么离开我？"这个问题。可能你们彼此相爱，但是缺少满足需求的技能。彼此的需求得不到满足，你们便渐渐失去了幸福，变得不再亲密，并且也没有可以改变现状的信心，于是选择了放弃；也可能分手本身就是为了满足需求，比如追求自由和事业、更好的物质生活、父母的亲近和肯定，等等。所以，如果想找到这两个问题的答案，你既要关注需求本身，也要关注需求得到满足的过程。

在下面的四节，我会带你重新认识关系中的各种变化和挑战。通过学习，你也会懂得更多亲密关系中的爱与需求。

本节要点

☪ 完整的爱是激情、亲密和承诺。

☪ 如果双方不够了解彼此，即使在一起，也可能是"假性亲密"。

☪ 分手不一定是因为一点爱都没有了，但分手一定和需求有关。

☪ 需求满足有四个过程：产生需求、表达需求、识别需求和回应需求。其中，表达需求是最关键的，而回应需求是最容易出错的。

行动指南

① 回顾你在上一段感情中的主要需求，以及需求得到满足和没有得到满足的过程。

② 找到你表达需求的主要方式，是"不表达"还是"间接表达"，或是"直接表达"？另外，观察自己在需求满足的过程中，有没有表达感受？

③ 试着分析你或对方在通过分手满足哪些需求。

他为什么要出轨

　　出轨导致的分手是一种非常特殊的分手情况，因为这不是两个人的分手，是一方在分手前就已经有了其他人。如果说分手的伤害已经让你很痛苦了，那么出轨的伤害无疑会让你更痛。这种痛就好比，在受到分手的伤害的基础上，你还感觉原本你最信任也最依赖的，曾经付出了真心和努力的他，不仅没有珍惜和回应你的爱，还在你的心口上直接扎下了一刀。而且不止他在刺伤你，他身边的第三者也在刺伤你，他不仅给了第三者伤害你的机会，甚至还没有阻止这种伤害。

　　巨大背叛带来的痛苦、打击和伤害几乎只有亲身经历过的人才会懂，这在一段感情中、在一个人的人生中，都是十分凶险的异常情况。如果可以，我希望你永远不要经历这样的痛苦，但如果你已经经历了这些，我希望这一节乃至整本书的内容，能给你一些安慰和启发，安慰你的痛，解答你心中的无数个"为什么"。

　　当我们被出轨或看到别人的恋人出轨时，我们常常会问："他为什么要出轨？"

　　很多时候，这个问题不是一个疑问，而是一句质问："他怎么可以出轨？"

质问的背后是评价和指责。我们认为出轨是不对的，出轨的人在道德层面有问题。从道德层面对出轨和出轨的人做出评价，本身没有问题，但是仅仅基于道德层面的评价很容易让我们忽视更全面的真相，这会阻碍我们去了解更多的"背后的问题"，比如在他出轨的前后究竟发生了什么，他究竟是怎么想的？

而更全面的真相会给我们更多启发，这种启发会告诉我们：亲密关系中最糟糕的异常情况是如何发生的？我们怎么做才能避免这样的异常发生？有哪些风险需要提前识别和应对？

对于经历过的人来说，真相本身就会带来慰藉。

所以，我希望读到这里的你，和我一起重新认识出轨，找到"他为什么要出轨？"这个问题的真正答案。

想要认识出轨，我们先要清晰地界定什么是出轨。

出轨有三个关键词：

第一个关键词，违背伴侣意志：明知道伴侣接受不了，但还是去做了；第二个关键词，身体亲密：和别人发生了原本只会和伴侣发生的亲密行为，比如性行为、亲吻、同床共枕等；第三个关键词，情感依恋：想在心灵上不断地靠近对方，遇到任何小事都想和对方分享，想知道对方正在做什么，想关心对方。这种感觉，很像我们和恋人相爱前后的那些心动和思念。

肉体出轨比较好判断，就是违背伴侣意志和其他人发生了身体亲密的行为。而精神出轨比较难判断，因为一个人可以否认情感依恋，把情感依恋视作友情，他可能会说："我又没和他做什么，我们只是很好的朋友。"

那么如何判断精神出轨呢？你可以通过梳理自己的心路历程判断对方的想法。你可以在夜深人静时扪心自问，如果有机会可以和这个所谓的"很好的朋友"发生身体亲密，没有人会知道，你想不想发生？如果答案是"想"，那就说明你有和他身体亲密的欲望和愿望，违背伴侣意志加上情感依恋，那就是精神出轨。

有时候精神出轨带来的伤害比单纯的肉体出轨更大，因为情感依恋一旦建立就很难切断。而两个人之间最重要的是什么？是彼此的感情和关系上的契约。精神出轨不仅在打破契约，也让感情本身发生了变化。所以，肉体出轨一旦包含了情感依恋，就很难切断，单纯的肉体出轨可能只是为了欲望和刺激，而包含情感依恋的肉体出轨，除了欲望和刺激外还有感情。感情一旦产生，常常覆水难收。

出轨发生后，你如果考虑是否继续维持关系，一定要判断对方和第三者是不是存在情感依恋。在有情感依恋的情况下，关系的维持和修复就会难上加难。

一个人的恋爱与分手常常和他的需求满足有关。而出轨，也是出轨者在通过其他关系和其他人满足自己的需求。这个需求和恋爱或分手的需求一样复杂，不只是出于性和感情。

但接下来会有一个很多人的认知误区，也是被出轨者身上经常会发生的情况，就是将出轨对象和被出轨者进行比较。他们认为，如果原来的关系已经让出轨者足够满足，那他为什么还要找其他人呢？比赢了就说"难怪他出轨了"，比输了就说"这情况还出轨真是不知足"。

我想要告诉你们，不是这样的，不要这样比较。无论一个人是怎样的，都不该遭遇出轨这样的背叛，这种比较让人在出轨伤害的基础上更受伤。

这样的比较本身就是错的。因为对出轨者来说，他出轨，不是因为谁比谁更好，谁更能满足他，而是他觉得，相比于直接分手或忍着不出轨，出轨对他来说是一个更好的选择，也就是说，他比较的对象不是两个人，而是出轨和分手之类的其他选择。

看到这里，我想你可能也意识到，那句"感情中没有第三者，不被爱的才是第三者"是一句诡辩，因为"第三者"指的不是感情，而是说这个人是一段感情关系契约外的第三者，和爱不爱没有关系。

另外，真正的爱情建立在平等的基础上。出轨发生时，彼此都已经失去了平等，一段出轨的关系中或许有感情，但很难有真爱。

如果你是因出轨而分手，无论这个分手是你主动提出的，还是对方在出轨暴露后提出的，我希望你都能够放下对自己的怀疑和责问。

无论如何，对方出轨都不是你的错。或许你在这段感情中有做得不完美的地方，但所有人、所有关系都不完美，不完美不代表对方可以出轨，这不是你的错，是他的错。

而且，对方虽然做出了出轨或分手的决定，但这不代表他就是你和你的生活的裁判。不要执着于出轨者和第三者。我见过很多被出轨后频繁整容的姑娘，或被埋怨身材不好就过度健身的男性女性，也见过被嫌弃没钱后就拼命赚钱的人，他们并不快乐，也没有获得真正的安宁，因为这些做法本质上还是活在出轨者的阴影中。

不要让他决定和评价你的好、坏、美、丑，你是否美丽、温柔不温柔、是否优秀等。试着去找到自己的标准，过你自己真正想要的生活，或找到真正欣赏你的人。你依然可以去健身，也可以美容或拼命赚钱，但一定要确保做这些是因为你自己真心想要，而不是为了向出轨者证明些什么。

看到这里，你可能已经放下了一些质问，真正地开始疑惑："他为什么会出轨？"从出轨者的角度来说，他是在满足自己的需求。但是，他为什么会在那么多种选择中，选择出轨呢？这时候，只看满足需求的这个角度就不够全面了。

大部分人也都知道出轨是错误的，知道出轨本身会带来伤害和风险，不仅对他人有伤害和风险，对自己也有。但是这个人还是出轨了，而出轨的背后，有三个关键因素：

第一个关键因素，他是个什么样的人，他本身对出轨是什么态度，他的需求满足情况如何。简单来说，就是一个人在出轨上的个体倾向。

第二个关键因素，他身处的环境对出轨的包容度怎么样？有没有发生出轨的机会？比如，有没有潜在的出轨对象，可以接受他在关系外发生感情或肉体关系的对象；再比如，出轨是否会对他的事业产生影响，例如一旦被发现出轨就会失去工作。

第三个关键因素，即使他排斥出轨，但是当环境中有机会时，他会不会在脆弱和失控时意志松动，发生出轨行为？也就是他在他的失控点能否控制住自己？

这三个因素都对出轨的发生起关键作用。

有时候是人的问题更严重，有时候是环境的问题更严重，还有些时候，人和环境都很正常，是人在环境中失控了。

为什么要知道这三个因素呢？

对经历过出轨的人来说，这三个因素会让人放下一些怨恨，还会让人多一些安全感，因为当你知道一个人或一段感情是怎么一步步出现问题时，你就会知道如何改变或避免这个情况。你会知道是这个人本身有问题，还是这一段关系有问题，或是他所在的环境有问题。当你想重建这段关系或想建立一段新的亲密关系时，你会知道你是应该增强自己的识人能力，还是应该改进维护亲密关系的能力。

没经历过出轨的人其实很幸运。这份幸运背后有每个人的智慧和努力。没经历过出轨的人如果能明白这三个因素和出轨的联系，也会进一步了解一个人或一段感情关系在什么情况下会走向异常，换个角度说，我们也能从中知道如何让两个人走得更长久、更亲密。

出轨者无法在专一的忠诚关系里得到满足感，这既可能是因为他的需求没有得到满足，有些时候也可能是因为他的需求本来就没有办法通过专一的亲密关系得到满足。

比如，有些人就是想要拥有不同的伴侣，也有些人希望伴侣是完美的、全能的，这样的期待必然无法得到满足。再比如，有些人希望伴侣始终无条件地关注和包容自己，这是把对父母之爱的期待转移到了伴侣身上，伴侣做不到也是正常的。

还有很多类似的情况，也就是这个人的需求与专一的感情关系能提供的东西并不匹配。很多人要想清楚，自己和对方想从爱情中得到的是什么？一段专一的感情关系能不能提供这些？如果不能，那这个人就会有比较强的出轨的个体倾向。

当"我爱你"中的"我"追寻的是无法在专一的感情关系中得到的东西，那这段感情会面临异常情况几乎是必然的。

在实际生活中有些人会美化出轨。比如上文中出轨者将第三者和原有伴侣进行比较的行为，就是一种无意识的包容，因为它假设出轨者是想做个所谓的更好、更进步的选择。这种假设让人忽略了比较的前提是出轨者欺瞒并背叛了自己的伴侣。而实际上，无论出轨者如何看待原来的伴侣，任何人都值得拥有一段坦诚的亲密关系。

而且，这种包容更多地发生在男性身上。当男性婚内出轨时，他只要献上真挚的道歉，一般都会得到原谅，大家也会劝他的妻子接受道歉。但如果是女性婚内出轨，大多会被千夫所指，很少有人会劝她的丈夫接受道歉，也几乎不会有人去比较她是不是出轨了一个比丈夫更优秀的对象，人们的目光牢牢地锁在女性的出轨行为上。这种差异化对待导致了什么结果呢？国内外的调查都显示，男性出轨率往往高于女性。而出轨后，女性会更注意隐藏出轨自己的行为。如果有一天，我们对女性出轨的反应和与男性的一样，双方出轨率就可能发生变化。而且不论男性或女性，被出轨者都值得获得真挚的道歉。

我们周围的环境，比如公司、朋友、原生家庭、伴侣关系等，如果出现美化出轨、包容出轨者、为出轨提供机会的氛围，那么出轨发生的概率就会大大提高。

在这样的情况下，一个人即使在道德上是排斥出轨的，但当他处于对伴侣极端失望和愤怒中，又或在喝醉了神志不清等不够清醒的情况下，也可能一时失控发生出轨。这样的出轨大多是单纯的肉体出轨。如果有情感依恋，那失控本身应该是有"预谋"的，因为一个人意识到自己对自身亲密关系之外的其他人产生了感情，在理智的控制下应该主动与其保持距离，距离没有保持住，其实是潜意识想为身体亲密创造机会。

看到这里，我想你已经知道了"他为什么出轨？"这个问题的答案。

只是在每个人经历的出轨故事中，除了背叛是相同的，其他的个中感受和缘由都各不相同，有的是"人"的问题更大一些，有的是环境的问题更大一些，有的是失控来得太突然。

但有一点是肯定的，就是出轨也好，分手也好，这都意味着两个人已经不再亲密。

下一节，我们就来聊聊，是什么造成了关系中的裂痕和疏远？

本节要点

☪ 从质问走向疑问，是探寻感情中的背叛真相和改变自我
的重要一步。

☪ 与第三者产生情感依恋的出轨是最难切断的，这种类型
的出轨在重建关系时也会受到很大阻碍。

☪ 当出轨者选择出轨时，他并不是在比较伴侣和出轨对象
哪个更优秀，而是在比较出轨与分手哪个是更好的选择，
他是在原来的关系中寻求改变。

☪ 有三个关键因素会使人产生出轨行为：个体倾向、环境
和失控点。

行动指南 💡

① 如果你经历了出轨，观察一下这段出轨中是否包含出轨者对第
三者的情感依恋。

② 如果你经历了出轨，试着找到这个出轨行为背后的原因，可以
从个体倾向、环境和失控点这三个关键因素入手。

③ 如果你没经历过出轨，那你也可以换位思考，试着觉察一下自
己的需求能否在一段专一的感情关系中得到满足，及时检查彼
此的状态。

是什么造成了裂痕和疏远

通过前面两节，你已经知道人们在感情关系中，无论是恋爱、分手还是出轨等行动，都是由需求在推动，人们是在这些行动过程中满足自己的需求。爱和被爱本身就是一种需求，亲密和独立也是需求，自由和安全也是需求。

我们知道满足两个人的需求不是一件容易的事，人们在表达、识别和满足需求的过程中会出现各种各样的问题，而分手和出轨都是出现问题后最严重的后果之一。

但这里会有一个问题，两个人在一起的时间越久，互相也应该越了解、也越默契，但为什么感情没有随着时间越来越深，反而走向破裂？如果说彼此的需求满足做得越好，两个人就会越亲密，那什么是满足需求的根本性困难和挑战？

是变化，因为生活本身一直在变化。

尤其当生活中的变化重新定义了"你是谁"，也就是重新定义了角色时，你的变化会更大。而这种重新定义"你是谁"的变化，在大部分人的一生中，尤其在成年的整个过程中一直在发生。比如：

- 进入中考或高考冲刺阶段，从学生变成了一个考生
- 离开家乡上大学，从当地人变成了一个异乡人
- 毕业后，从学生变成了职场人
- 恋爱后，从单身变成了某人的男朋友或女朋友
- 结婚后，从彼此的恋人变成了妻子或丈夫，也变成了另外两位长辈的儿媳或女婿

除了身份上的转变，我们还有一些角色上的增加，比如有了孩子后成为某人的父母，我们不仅要负担每个新角色相应的义务和责任，也会因每个新的角色产生新的需求。

比如，成为孕妇时，女性会希望得到妥帖的照料，希望在营养上能帮助宝宝发育，在生活上能减少怀孕带来的不便，这些就是新角色带来的需求。

还有一些比较容易忽略的需求，比如当一个人升职到管理岗后，他的工作内容和工作压力都会发生变化。这时他就会有提升管理技能和排解工作压力的需求。但生活中，我们往往只会恭喜自己的恋人得到了更好的岗位，而忘记他在得到更好的岗位后产生的新的需求。

人不完美，也不全能，只要生活有变化，就会带来新的挑战，人也会在变化和挑战中产生新的需求。

举个简单的例子，你肯定听过"男人有钱就变坏"这句话，这句话蕴含了一个角色上的变化，即他从一般人变为有钱人。那为什么这会让他变"坏"呢？

对一些人来说，角色的变化带来了他对自己的预期，也就是需求的改变，即他本来就认为有钱人应该做这些"坏事"，他以前不做坏事是因为他那时候的角色是一般人。

对另一些人来说，是因为角色的变化带来了环境的变化。他所处的新环境中"坏"是常态，他有了更多机会接触这些所谓的"坏"，也有了更多的机会学习这些。于是，当他态度改变、意志松动时就会"变坏"。

一段关系中的两个人在一起的时间越久，就会经历越多的"角色"变化。每当角色变化时，人们的需求和满足需求的方式都会发生改变。但需求的改变往往十分隐蔽，有时候当事人自己都意识不到，恋人的发现则往往更加靠后。可以说正是因为熟悉，才让彼此忽略了变化，忘记重新认识对方，忘记像刚在一起时那样，认真思考"他实际上想要什么？""我做什么能让他开心"。

这便是"熟悉"带来的"变化盲视"。

而留意变化和对变化做出沟通与调整，是满足彼此需求的必要条件。我们一定要记得，他始终是你的恋人，但他也一直在变化。看到这你可以想一想，这几年，你们都经历了哪些"角色"的变化？

很多时候分手都是因为彼此都没有适应变化。

这就是为什么分手常常发生在毕业前后、异地恋时期，或谈婚论嫁前，而裂痕和疏远也常常发生在这些时候，还有怀孕、产后等时期，因为在这些时期，我们的角色都在发生剧烈的变化。

看到这，我希望你先合上书，静静地想一下，分手前后，你们彼此又都经历了哪些变化？

如果能找到生活本身的变化和彼此的角色变化，再找到彼此对这些角色的预期，你就能知道究竟是什么需求出了问题，导致两个人分手。即使是因为没有感情了，感情消失的背后也有一个需求不被满足和逐渐冷淡、失望的过程。找到这些角色和需求的变化，你就能找到分手的原因，也能找到以后获得幸福和亲密的关键。

谈完了变化，我想和你谈谈背叛。背叛里也有"背叛盲视"。

谈到背叛，我们常常想到出轨，在很多人心里这两个词几乎是等同的，因为他们以为背叛发生在对出轨对象动心的那一天，或是他们在你不知道的时候去酒店开房的那一天。

其实不是。出轨很可能发生在很久之前的某次背叛时。什么是背叛？背叛就是故意背离幸福和亲密，并且对伤害视若无睹。

当一个人明明知道自己做的事会让两个人变得疏远甚至有裂痕，但他还是做了，这就是背叛。比如：

- ☪ 假装看不到对方正在难过
- ☪ 拒绝表达和沟通
- ☪ 忽视对方的付出和努力
  ……

比如三年前，你们吵架了，但是沟通得不好，两个人的关系出现了裂痕和疏远，这其实就是一次背叛。后来，背叛发生得更多了，再后来，出轨就发生了。所以出轨不是一个独立的事件，不是突然发生的事，而是一个过程，背后是很多背叛的积累。

虽然这些背叛不是出轨，但是这些背叛都对彼此造成了伤害，也让两个人变得不再亲密。

一段感情中，对于明显的背叛我们往往会及时做出反应，每个人也都知道自己的背叛是错的。但是，对于很多背离幸福和亲密的细微的背叛，我们经常会有"背叛盲视"。做出背叛的人会说："这些细枝末节的小事，有必要这么小题大做吗？"遭遇背叛的人会和自己说："没关系，这些事会过去的。"背叛不是小事，造成彼此疏远并产生裂痕的每一次背叛都是很重要的，处理好了，会更加亲密，处理不好，就会在未来带来更严重的背叛或结果——出轨或分手。

看到这里，我希望你能先合上书，静静地想一下，这次分手前，彼此都做了哪些背叛？又有哪些背叛盲视？你当时不处理那些背叛盲视，是因为没意识到这也是背叛，还是意识到了却故意忽略了？

应对背叛一直是一件很难的事，因为没有人可以明确地告诉我们什么是背叛，我们一直听到的是"感情里要互相包容"。于是没有人能明明白白地告诉恋人们什么事可以做、什么事不该做。而且，当背叛发生时，我们的直接感受就是受伤，更严重点说就是愤怒，人在受伤和愤怒时，往往很难清晰又直接地表达出来到底发生了什么。

如果做出背叛的人既没有道歉，又忽略了伤害，被背叛的人的情绪就会更加激烈，在激烈情绪的作用下，背叛会带来争吵，争吵让两个人产生裂痕并彼此疏远。

很多人都没有妥当地处理背叛，这不是因为不够爱，而是因为这件事本来就很难处理，它需要很多的知识和技能。而大部分人并没有机会去学习这些知识和技能，而且我们以为只要是相爱的，就应该包容和体谅彼此。

在亲密关系中，我们的确需要包容和体谅我们的恋人，但是对于背叛这样的行为，我们不应该包容，应该积极应对。大部分人都知道，合理地应对背叛，把吵架变得有益于一段感情，一直是一件很难的事。

经历过分手的你，可能也曾做过一些背叛对方的事，也曾被对方背叛。背叛是每段感情中一定会发生的事，即使很相爱，也可能会有背叛对方的时刻。良好的处理方式是把背叛作为一个机会，去了解彼此、调整互动，重新获得亲密。较差的处理方式是对背叛熟视无睹，也就是存在背叛盲视，让背叛给彼此永远留下裂痕和疏远。

那我们该如何应对背叛呢？

我们需要把经历背叛的过程和感受表达出来。当背叛发生时，最先意识到这是背叛的人要说出来，彼此要沟通清楚，确定这个背叛是如何发生的？比如，要问"你为什么假装看不到我的难过？是因为你还有别的事要忙，还是因为你觉得我不应该难过，或你就是不在乎我是不是难过？"把问题说出口，让彼此都看到这个背叛，并且找到这个背叛背后的"为什么"。

　　然后是表达，表达背叛给你带来的伤害，表达自己受伤的感受。两个人之间，看得见的伤害远好于看不见的伤害。因为在亲密关系中，一方看不到另一方受了伤，那么一方既没机会去安慰，另一方也会感到孤独又无助，这种孤独又无助的感受会造成二次伤害。

　　怎么表达自己受伤的感受呢？我们常用的方法是责怪对方，责怪对方做错了。这种责怪让我们觉得自己因为感到受伤而要求对方对我进行弥补也是合理的。但是我想告诉你，两个人之间不必强调对方的对和错，即使他做的事情是对的，比如在你需要安慰时理性地和你讲道理，但只要这让你觉得受伤，你同样应该表达这种受伤，也应该得到回应。

　　所以真正应该的表达是，让对方明白他做了什么（而不是对错），他的什么行为、什么话、什么看法让你受伤。你受伤的具体感受是什么？是委屈还是生气，或失望，等等。

　　最后一步才是彼此对背叛的合作式应对。什么是合作式应对？就是两个人共同商量如何弥补已经造成的伤害，如何消除背叛带来的裂痕，如何避免类似的背叛。真挚的道歉可以弥补背叛带来的伤害，误会的解除可以消除裂痕，而彼此充分的沟通可以帮助避免背叛再次发生。

　　看到这，你应该已经明白了，是变化盲视和背叛盲视造成了裂痕与疏远。所以面对变化盲视和背叛盲视导致的分手时，希望你不要太责怪自己或对方。处理亲密关系是一件很难的事，想做得好既需要运气，也需要很多知识和技能；即使现在做得不好，我们只要怀着一颗相信对方、爱护对方的心去学习，就能渐渐掌握维护亲密和拥有幸福的能力。

本节要点

- ☾ 感情关系中的"变化盲视"和"背叛盲视"会造成裂痕和疏远，甚至带来更严重的结果。
- ☾ 人在变化的过程中会产生新的需求，这会对彼此的需求满足带来挑战。一段关系中的"熟悉"常常会带来"变化盲视"。
- ☾ 背叛是一个日积月累的过程，每一次细小的背叛都要及时用合作式的方法处理。

行动指南 💡

① 找到关系破裂之前，彼此正在经历哪些变化？分析这些变化产生了哪些新的挑战和需求？

② 找到关系破裂之前，彼此之间发生过的"背叛盲视"，分析当时的处理方式有哪些可以改进的地方？

因为家长反对而分手意味着什么

关于这个问题，我想先讲一个真实的故事。

我读本科时，有一个同校学长，他初中时就和女朋友相知相恋，当时这个女孩还是他的同桌，看着娇小可爱，学长说"我感觉她特别安静"。

他们一直恋爱到了大学。

男方的父母一直对女方不太满意，觉得她长相一般、学习一般、家庭条件也一般。在外人看来，女孩在各方面与男孩都算不上门当户对。于是男方父母一直反对他们在一起，其中妈妈尤其反对。

当时临近毕业，学长和女方已经同居了。他的妈妈会时不时地去他们同居的地方（这个房子是男方爸妈买的，他们有钥匙），在女孩的面前说两个人不般配，还会和学长说别家的姑娘如何优秀，并安排学长去相亲。学长和这个女孩都不吵不闹，他的妈妈说他们就听着，安排相亲学长也都去，只是会在相亲的时候告诉相亲对象，我有女朋友了，我很爱她，我是会与她结婚的，只是现在父母不太同意。

明明都是让人有些生气又有些委屈的场景，但他们俩就好像一片湖一样，任凭爸妈如何扔石子，整片湖从来都只有涟漪，没起过惊涛骇浪。

我问女方她如何做到的，她说："他妈妈这么想也挺合理的，妈妈总是希望孩子得到更好的。她也没不让我们见面，我们依然在一起啊。"

我问学长他怎么做到的，他说："激烈的斗争没有意义而且也没有用，我反抗得越激烈他们管束得也就越多，在无关紧要的事情上妥协反而能给我们更多的自由和空间。而且一开始他们以为我们只是小孩子的爱情，我们俩当时也确实是孩子，所以只能靠时间证明我们的感情，慢慢来就可以了。"

如此持续了两三年。

后来，男方的爸妈，尤其是妈妈终于不再阻拦，觉得两个人在一起也很好。再后来，两个人一起出国读书，也在国外定了居，一如既往地生活得安静又幸福。

这个故事给大学时候的我很多启发。他们的爱情被父母反对，但他们从来没有把力气花在反抗上，以柔克刚般地获得了自己想要的爱情。

这是个成功的幸福故事。

接下来我们来聊聊不太成功的故事，因为家长的反对而分手，这究竟意味着什么？

我们分两种情况来说，第一种情况是，自己父母的反对导致分手。第二种情况是，对方父母的反对导致分手。

先来看第一种情况。

经历过的人应该会懂，这个过程中最令人难过的感受就是不被信任，先是不被父母信任，父母不相信你们的爱情，也不相信你能自己选择一个好的伴侣。也就是说，他们既不珍重你的感情，也不信任你的能力。

在这个过程中，恋人很可能会逐渐失去安全感，因为不被对方的父母接受本身也是一件让人压力很大的事，而且这种怀疑和排斥有点无妄之灾的意味，让人既委屈又气愤。恋人一旦失去安全感，就会要求你做得更多，这时候，如果你做的事始终不合他的心意也没有效果，那紧接而来的就是恋人的不信任。于是，你会面临双重的不被信任，几乎没有更糟糕的场景了。

这意味着什么？

意味着你在过去和父母、和恋人的沟通中存在问题。是什么问题呢？你们之间缺乏互相了解的沟通，正因为不了解，才会有那么多的不信任和怀疑。而且，他们不仅不了解你，也不相信你的独立性，不相信你是一个可以对自己的选择负责的成年人。所以这种反对表面上是在反对这场恋情，背后是对你整个人的不了解，是在怀疑你的选择能力以及独立性。

如果一直沟通得不好，既可能是彼此情绪的问题，也可能是彼此表达能力的问题，而情绪管理的能力和表达能力都是未来在生活中越来越重要的核心能力。

也就是说，问题并不是特定的或突发的，不了解、不信任、情绪失控和表达不到位等，始终会带来各种各样的问题，并不会因为你换了个让父母满意的恋人就消失。所以，如果你真的遭遇了这个情况，试着把这件令人难过的事转化为一个提醒自己学习和增强情绪管理能力的机会。能力进步了，既有可能挽回恋人、说服父母，也有可能让你的下一次恋爱更顺利，以后的婚姻生活更幸福。

除了沟通的问题，关于父母反对你的恋情，还有个特殊情况需要留意。

父母是我们最熟悉的陌生人，为什么这么说？我们对父母的认识往往处于孩子的视角，很少把他们作为两个独立的成年人去观察和认识，去感受他们同样作为两个成年人正在经历的喜怒哀乐和跌宕起伏。反过来也是一样的，父母处于他们的视角，永远把我们当作孩子，忘记我们也已经和他们一样是独立的成年人。

但即使如此，父母对我们的了解也可能比我们想象得更深一些，并且关于爱情和生活，他们已经经历过了，虽然不同时代人们的爱情和生活都不同，但爱情中的激情和生活本身需要的准备，他们也都经历过。

很有可能，父母之所以反对，是因为他们看到了你自己没有留意的那些地方，比如你以为自己可以为了爱情接受穷困的生活，但父母知道不管爱情如何伟大，当爱情的底色褪去，两个人逐渐走向平淡时，更紧要的是生活。也就是说父母反对的不是你的爱情，而是他们推测的这份爱情会带给你的生活，他们不希望你经历那样的生活，也觉得你无法承受那样的生活。

所以，当父母反对时，你应该多问问他们是出于哪种思考得出的结论，多给他们点耐心，听他们慢慢说。沟通时，尤其是在面对质疑和反对时，我们常常急着表明自己的想法，却忘记了倾听，而解决问题的钥匙很可能藏在倾听里。

多听听父母的想法，先假设父母说的可能也有道理，试着去理解他们的逻辑。这样接下来，无论你是要表示赞同还是要和父母辩驳，都能知道该如何应对他们的质问，也会知道你在哪些情况下需要考虑父母的建议，哪些情况下不必听父母的。

总之先不要急，要进行充分沟通，只要你拥有独立生活的能力，让父母逐渐发现你的确是幸福的、平安的，父母就会支持你的选择。即使很难获得他们的支持，但只要你确信你能幸福并且是幸福的，那就坚定地往前走。

而第二种情况是，对方父母的反对导致的分手。

那么这时，你们彼此和对方父母之间的了解、沟通、信任和情绪管理等的问题，都提前暴露了。这些问题即使不是在现在暴露，也会在未来暴露。所以依然是如上文说的，他的父母看起来是在反对你们，但更核心的问题其实不止于此。

他的父母不一定是在针对你，即使他们在针对你身上的某些标签，比如学历、长相、收入、家境等，也不是真正地在针对你，他们针对的是他们想象中的你。希望你不要因为他们的反对而失去对自己的信心。

还有一点可以确认的是，你的恋人，现在或许应该称为前任，确实做不到脱离父母而独立地和你相爱与生活。这种无法脱离，既有可能是因为精神上的依赖，也有可能是因为物质上的依赖。而只要这种依赖不改变，即使历经千辛万苦甚至委曲求全，未来你们也可能会遭遇更大的问题。

要平等地获得爱情，不要委曲求全，因为你们最终要长久地在一起生活，没有人应当在生活中始终委屈自己，也没有人能坚守始终委曲求全的感情。

最后，我想还是从"需求"的角度聊聊这件事。

在爱情和婚姻上得到父母的支持和祝福，是很多孩子都会有的需求，这个需求既包括情感上的，也包括物质上的。我们在各种爱情故事的影响下，会认为父母的支持和祝福是恋情的"标配"，于是遭遇父母反对时，常常措手不及，也感到很难过，因为我们理想中的爱情和父母不是这样的。

但是其实这个需求本身并非理所应当。拥有父母的支持和祝福的感情是美好的、幸运的，但无法拥有父母的支持与祝福也很正常，毕竟是不同时代的人对爱情与生活的理解不同，他们或许不了解你对爱情的期待和对恋人的认识。所以，如果你能放下有关获取父母支持和祝福的执念，也能让恋人放下这样的执念，你们就会放下很多焦躁和指责。这时候，再去争取父母的支持和祝福就会更从容。

一段感情想要走得长远和幸福，小家庭与大家庭之间的平等和独立很关键。因为建立在血缘关系下的联系是天然的，但平等和独立却是需要我们靠自己的努力和智慧才能达成的目标。

父母反对恋情导致的分手所反映的核心问题就是这份平等和独立的缺失，这是我们每个人在原生家庭中都需要完成的功课，

分手心理学

完成得越好，我们和恋人的感情和生活也会越幸福。

所以，希望看到这里的你，接下来会试着去增加对父母和恋人的了解和信任，也增强自己获得平等和独立的能力，加油！

本节要点

☾ 因家长反对导致的分手，背后通常有着更复杂的问题，例如沟通问题、独立生活的问题等，只有这些问题真正得到突破时，两个人在一起才能收获幸福。

☾ 试着以开放的态度倾听父母的想法，他们确实可能是错的，但他们也有可能是对的。

☾ 一个在原生家庭中平等又独立的人才有可能组建一个平等又独立的小家庭。

行动指南

① 如果你的感情是因为彼此的家长反对而破裂，试着找到这种反对背后的其他问题、平静地听一听他们的想法，并让自己从中获得成长。

② 如果你没经历过，也可以找机会听一听父母对爱情和生活，以及对你适合哪种伴侣的想法。

哪种感情从一开始就有危机

哪种的感情从一开始就有危机呢?

那种开始时就几乎注定会走向分手,即使没有分手,离亲密和幸福也始终有距离的感情也需要注意。我在这里提三种最普遍也最容易迷惑很多人的情况。

第一种,我想请你先看看爱情里的征服欲。

我想你也知道爱情是有征服欲的。爱情中的征服欲体现了我们的激情和渴望,这本身是一种激荡的美。比如我们常见的"赢得她的芳心""男人征服世界,女人征服男人"等说法,都是在讲爱情这种感情关系建立前的征服。

但是,如果征服欲在感情关系中依然大量存在,就会出问题。比如"在爱情中,谁先认真谁就输了"这句话就是把一段感情视作一个战场,有战场就有输赢。本来两个人的感情是为了让两个人更幸福,但这句话硬生生地把两个人放在了输和赢的对立面。不仅如此,认真本来是一段感情中珍贵的品质,这句话直接贬低了这份品质,总之就是一派胡言。

那么,当这句话被说出来时,真正的问题是什么呢?

分手心理学

　　真正的问题是，认真的这一方的感情没有被对方所珍视，或这份认真用错了方向。好的认真是关心和陪伴彼此，坏的认真是无理由地每天频繁询问"你在哪"之类的问题。所以，错的是认真对象或认真的方式，和感情的输赢没关系。

　　而且如果一个人始终有征服欲、始终有输赢的观念，那么一段感情维持得越长久，就越容易出问题。

　　这种问题有时候体现在，你如果因为各种原因不小心忽视了对方，对方就会故意忽视你，或故意不配合你，这是他在调整输赢的平衡点。他这么做之后会感觉自己没有输、没有低人一等，虽然实际上这么做之后两个人谁都不幸福。这是把输赢放在了幸福的前面。

　　总之，感情中征服欲和输赢观强烈的人容易忽视幸福这样的共同目标，而感情是一次共同的旅程，也是彼此的合作与陪伴的旅程。

　　第二种，我想谈谈满足感，现在你应该已经明白了一段感情想要亲密幸福，满足彼此的需求很关键。但是，一个人的需求被满足，不代表他就会有满足感。满足感是一种感觉，它取决于一个人的期待。

　　简单举个例子，比如，他因为饿去吃饭，吃完有了饱腹感，但是这不意味着他就会产生满足感，因为对他而言，他期待的可能是热腾腾的面条，但是他吃的是米饭，所以他没有满足感。再比如，更复杂点的陪伴这件事：他想要你的陪伴，于是你在工作之余陪伴了他。但是如果他期待的是无论何时何地，只要他需要你的陪伴，你就能出现，无论是立刻见面还是手机上立刻回复消息。在这样的情况下，即使你觉得自己已经做得很好，他依然没有满足感。

看到这你会明白，他是否拥有满足感取决于两点：

第一点，满足的方式是不是和他的期待一致。

第二点，他的期待是不是合理，当期待不合理时，无论别人怎么全力去做，他都不会有满足感。

第一点可以通过沟通调整，只要一开始有意识地多沟通，就可以解决问题。但是第二种很难解决，这个很难有满足感的群体在心理学上被称为最大化者。

什么是最大化者？社会心理学家巴里·施瓦茨（Barry Schwartz）根据人们做选择的特征和选择后的表现，把人分为最大化者和满足者。①

最大化者永远不会对任何一个选择真正感到满意。也就是说，当这个选择和感情有关时，他永远不会对任何一段感情或任何一个伴侣感到真正的满足。无论伴侣如何努力去满足他的需求，他都会有更高标准的期待，也会不断产生新的需求，他希望伴侣是完美的或全能的。当伴侣做不到时，他会失望和抱怨；当伴侣做到时，他会觉得这是应该的，还会觉得伴侣依然做得不

---

① Schwartz B, Ward A, Monterosso J, et al. Maximizing Versus Satisficing: happiness is a matter of choice [J]. *Journal of Personality & Social Psychology*, 2020, 83(5): 1178-1197.

够好。

与最大化者对应的是满足者。满足者的特征是知足常乐，遇到让他满意的选择后就会做出选择，他们满足于足够好的选择，不会去想后面还有更好的选择。满足者也有自己的标准，他们会苦苦寻觅符合自己标准的人，一旦找到就立刻收手。在生活中也是，只要伴侣做得符合他的标准，他就会感到满足。

两者其实都有各自的期待和挑剔，他们之间唯一的差别是，满足者最终会对很不错的对象与很不错的需求满足的方式感到满意，而最大化者追求的是他选到了一个最好的对象、得到了最好的满足方式。

看到这，你可能会觉得最大化者和完美主义有点像，但他们其实不一样，哪不一样呢？

完美主义者有自己的一套完美的标准，这个标准即使无法达成，但是你问他，你的标准是什么，他能准确地告诉你。但是最大化者其实没有自己的标准，你问他，他到底要什么，他说我要最好的。你问他什么是最好的，他其实并不知道。他会不断地向外界寻求标准，在比较中不断调整自己的标准，并且标准之间没有轻重缓急，什么都要最好的。

这就是为什么最大化者永远不会满足，因为他的预期和标准其实都是变化的，都不合理。

第三种，我想聊聊感情里的"故意胡闹"和"英雄主义"。

你可能会奇怪，为什么故意胡闹和英雄主义会放到一起？因为感情里的故意胡闹和英雄主义都与强烈想要得到关注的需求有关。

我们每个人都是在"关注"下长大的，婴儿期的我们，如果没有来自爸妈等成年人的关注，我们就没办法正常长大，所以得到无条件的关注和安全感紧密相连。这也是为什么越没安全感的人，越容易在感情中故意胡闹，因为故意胡闹既是安全感缺失导致的情绪反应，也是得到关注的一种途径。

但是，英雄主义是怎么回事呢？因为感情里的英雄会得到对方全身心的关注和感激，作为英雄的这一方会感觉自己强烈地被需要，这会让他觉得自己很重要。但是，确认"我很重要"的方式不止一种，只有当一个人十分依赖"被人需要"的这种感觉，甚至认为只有强烈地被人需要才代表自己很重要时，才会发展出感情中的英雄主义倾向。

看到这你可能会想，那么英雄主义和正义感的区别是什么？

正义感源于对他人苦难的共情，是一种宝贵的品质。英雄主义者或许也有这种情感，但是两者区别在于，正义感是去做自己觉得应当做的事、帮助那个该帮的人，而英雄主义有时候是去帮那个看起来孤立无援、最会求助也最会表达感激的那个人，即使这个人的孤立无援是因为其他人觉得这个人没有必要再帮。

比如，有正义感的人可能会拒绝帮助一个赌徒，但是只要赌徒善于表达对他人的崇拜和感激，英雄主义者就有可能帮助他。简单来说，出于正义感的帮助是为了心中的正义；出于英雄主义的帮助是为了成为英雄。

故意胡闹和英雄主义这样获得关注和安全感、确认自己很重要的方式为什么容易造成感情危机？

随着一段感情维持得越长久，只要两个人彼此相爱，就越会期待彼此都是安稳的。但故意胡闹也好，英雄主义也好，都与安稳背道而驰，这就是产生危机的原因。

看到这，我想你已经明白什么样的感情从一开始就有危机，这样的情况不止以上三种，简单总结和概括一下就是：当一个人的特质及这个特质下的需求和感情关系不匹配，无法从长久的感情关系中获得满足感时，无论是什么样的感情、什么样的伴侣，都容易发生问题。

那怎么办呢？

如果你的前任有这些特质，我希望你明白，只要他没发生改变，那么无论你们的恋爱过程重复千千万万遍，无论你做得多完美，你有多爱他，这段感情依然很有可能走向破裂。

如果你恰好有这些特质，我们先做自己的功课，学着接纳自己、学着从心底认可自己的重要性、也学着让自己一个人时也能有安全感，然后，再学习用一种更温暖、更平和的方式对待一段亲密关系。这也是这本书希望能带给你的，希望先重建自己，再去建设一段关系。

本节要点

☪ 有些感情关系破裂的可能性很高，例如在关系里有强烈的征服欲、其中一方是最大化者以及有强烈的英雄主义倾向等。

☪ 感情关系中的征服欲意味着忽视了"幸福"这一共同目标，而把目光和精力牢牢地锁定在输赢上。

☪ 最大化者永远不会对任何一个人或事真正感到满意，因为他的预期和标准本身就不合理。

☪ 故意胡闹和英雄主义倾向的本质都是渴求得到他人的关注，因为这会带来安全感和重要感，但如果倾向很强烈，便会影响一段感情的安稳感。

☪ 正义感是为了心中的正义，而英雄主义是为了成为英雄。

行动指南

① 觉察一下自己在之前的感情关系中，彼此是否属于征服欲强烈、最大化者、英雄主义类型的人。

② 如果自己属于上述某一种类型，试着先对自己做到无条件的关注和接纳。

警惕和远离这几类人

看到这里，你应该已经对一段感情破裂和存在间隙的原因有了新的认识。

本节的内容也许相对小众，但之所以要独立成一节，特意拿出来讲，是因为如果当事人遇到过本节中的这四类人，很可能会对自己造成很糟的负面影响，轻则在精神和心理上留下创伤，重则甚至会失去生命，而这些都是我们在一开始就可以试着避免的悲剧。

我们要警惕和远离什么样的人呢？简单来说就是价值观和行为已经近乎病态般失控的人。

在感情关系里有四类人群要特别留意：

1. 在感情关系中使用 PUA 手段的人
2. 暴力行为失控的人
3. 成瘾行为失控的人
4. 有人格障碍的人

我们先来看第一类人群，在感情关系中使用 PUA 手段的人。

PUA 的全称是：Pick-up Artist，在一开始它其实是一种追求手段，说的是当事人通过系统地学习和练习与感情关系相关的技巧，获得对方的青睐。但后来，培训 PUA 的组织进入了一种有些失控的发展阶段，用追求"成功"的表象，也就是追求"成功"的数量——比如"百人斩、千人斩"，以及成功的病态定义——比如让对方甚至愿意为爱堕胎、自杀等，来吸引越来越多人加入 PUA 的阵营。

看到这你会发现，使用这种 PUA 手段的人的眼中是没有爱的，只有自私和利益，甚至会惨无人道地伤害他人。

那 PUA 这种手段最大的特征是什么呢？是"打压"和"隔绝"，这两种手段在本质上都是摧毁对方的自我价值感，并且让对方的自我价值感毫无提升的可能性。

什么是打压？打压和批评有相似之处，都是在告诉你，你不好，比如："你怎么那么胖"。但两者之间的分水岭在下面一句，批评会说："你得让自己瘦下去。"，打压会接着说："你那么胖，别人看到你就恶心，但我不会嫌弃你的"。也就说，批评是指出你的缺点，但对方相信你有能力变好，并且也希望你变好。但打压是在指出你的缺点以后，完全不提任何改变你的希望和方法，有时候甚至会提一些莫须有的"缺点"，比如不是处女、出生农村、父母离异、有过同居史等，这些事情并不是缺点，只是人生经历而已，但使用 PUA 手段的人也会用这些打压对方。

所以不少使用 PUA 手段的人会瞄准自卑的人，也就是自我价值感低下或不稳定的人，然后进一步打压其自我价值感，当一个人的自我价值感低到不能再低时，就会觉得自己不配爱，觉得没有人会爱真实的自己，但他在这个时候，还是在渴望爱的，这时，他会牢牢抓住明明在伤害自己、并不真正爱自己的这个人。

那为什么"隔绝"也是 PUA 的关键手段呢？因为每个人的自我价值感，除了靠自己、靠爱人建立，也会受到朋友、同学、同事、学校和社会等的影响。所以 PUA 为了达成打压对方自我价值感的目标，会努力让对方完全与外界隔绝，也就说对方完全没有机会从别处获得自我价值感，也没有机会获得外界的帮助。

隔绝成功后，使用 PUA 手段的人便拥有了对于对方自我价值感的唯一审判权，这时候，陷入 PUA 的人就彻底进入了孤立无援的境地。

我们该怎么做才能避免陷入 PUA 的圈套呢？

任何时候，我们都要警惕这样的人：

1. 让你觉得你很差
2. 却又不给你任何提升的希望和建议
3. 还在你身边，让你以伤害自己为代价满足他的自私和利益

请你记得远离他们。

我们始终要明确这一点：真正爱你的人会让你觉得你很好、你值得很多爱。他或许不是最爱你、最能发现你的好的人，但他

一定不会让你觉得：所有人都会嫌弃你、远离你，只有他还在你身边，你应该感恩戴德，只有他的肯定才是你最大的荣耀。

你要记得：你不必依赖任何人的"肯定"和"关系"，不要以伤害自己为代价，去获得爱和自我价值感。

其实对我们来说，当我们有稳定的自我价值感，健全的心理支持系统时，从感觉到"不对劲"的最初就能远离 PUA。所以，我们需要不断建设和稳固自我价值感和自己的心理支持系统。

现在我们来看第二类，暴力行为失控的人。

对于暴力行为，很多人存在两个误区。

第一个误区是，身体暴力才是暴力行为，或家暴只有身体暴力。暴力行为分为身体暴力、性暴力、经济控制和精神暴力四种形式。人们常常忽略的是精神暴力，例如冷暴力——长时间的冷漠、讥讽和打压等。

第二个误区是，暴力行为只会发生在文化水平、经济水平或道德水平低的人身上。暴力行为可能发生在任何人身上，只是有些群体更善于掩藏这些事。

举个例子，用"疯狂驾驶"恐吓伴侣也是一种暴力行为。

在一段亲密关系中，身体和心理上一而再，再而三地遭受严重的伤害和痛苦时，就要意识到自己在亲密关系中正在遭受的暴力，要留意对方是不是一个暴力行为失控的人。

现在看第三类，成瘾行为失控的人。

怎么判断是一时的娱乐还是成瘾呢？成瘾有如下两个特征。

第一个特征是有戒断痛苦。娱乐是当你进行这些活动时，你会感到快乐，但成瘾行为更多是当你进行这些活动时对瘾和痛苦的缓解。也就是说，只要不进行这些活动，就会有百爪挠心、痛苦不堪，无法集中注意力去做其他任何事，只有这些活动才能消解痛苦。

第二个特征是无法停止。娱乐活动可以因生活安排发生调整也可以暂停，但成瘾行为无法暂停，因为"瘾"始终在。一个人为了满足这些"瘾"不仅会影响工作和生活，甚至还会伤害自己与自己至亲至爱的人。

最后我们来看第四类人群，有人格障碍的人，这种说法你可能比较陌生。

什么是人格？人格由若干个人格特质组成，包括少数的核心特质、若干个主要特质和很多次要特质。比如，智力和创造力是人格的一种，性格（具有攻击性、慷慨、乐观等）是人格的一种，气质类型（暴躁、冲动和抑制等）也是人格的一种。

那什么是人格障碍呢？人格障碍又称病态人格或异常人格，是指人格因畸形发展而形成了一种特有的、明显的、偏离所处的社会文化背景，以及不被多数人认可的行为模式。这种精神病症通常出现在青少年或成年早期，导致个体遭受较大的痛苦和损害。

简单来说，人格障碍的要点在于看法固化和适应性存在问题。同时人格障碍一旦形成，就很难改变。

看到这，你可能会觉得有人格障碍的人应该是少数吧？不是的。虽然目前没有更严格的调查统计数据，但是许多研究者和

临床治疗实践者一致认为，人群中患有人格障碍的人至少占比
10%，也就是说 10 个人中就有 1 个是人格障碍 [1]。患有人格障碍
的人并不在少数，他们是个很大的群体。

常见的人格障碍及其表现有 [2]（见表 3-1）：

人格障碍不止这几种，还有：依赖型、回避型、分裂型、抑
郁型、被动攻击型等。在看表格的时候，你心里可能已经有符合
对应行为的人了。但要注意的是，要让医生来进行人格障碍的诊
断，你不能判断自我，也不能判断别人。

但你可以以此为参考，也就是说，当你觉得一个人有些奇怪
时，你心中要有一个想法：这人可能患有人格障碍。也就是说他
的所作所为、所思所想，与你对他做了什么、你是什么样的人没
有太大的关系，更多的是因为他患有某种类型的人格障碍。人格
障碍好比滤镜，可以改变一个人的所思所想和行为表现。

现在，你已经对在感情关系中使用 PUA 手段的人、暴力行为
失控、成瘾行为失控和人格障碍有所了解，并且他们有时会
重叠。

为什么要警惕和远离这几类人呢？

很多人结合其他人的看法和自身实践都会得出这样一个结
论：只要真心想改，只要心里有爱，那这个人一定能发生改变。
他即使不改，也至少会"虎毒不食子"吧？

---

[1]　亚伦·贝克.人格障碍的认知行为疗法 [M]. 北京：人民邮电出版社 , 2018.
[2]　兰迪·拉森.人格心理学 [M]. 北京：人民邮电出版社 , 2011.

表3-1 常见的人格障碍及其表现

人格障碍	对自己的看法	对他人的看法	日常生活中的信念	常见的行为特征	缺少的行为特征
强迫型	我负有责任,我要成为表率	他们没有责任感	我必须掌控一切,不然我的生活就会出现问题	吹毛求疵、发号施令、墨守成规、极度守密	趣味性和创造性、合理的期望和标准
偏执型	我可不傻,人为刀俎,我为鱼肉	他们总想害我,偷我的东西	我不能相信别人,要时刻提防别人,这样才能保护自己、守住自己的东西	警觉、反击、怀疑、深藏不露	信任、接纳、放松、坦诚
反社会型	我行我素,我很聪明并且有特权,我需要刺激	我不要按照规则行事,别人的弱点就是我的机会	不用在意是否伤害了别人;我要做点有趣的事;我想要的东西我一定要得到	操纵和欺骗别人,寻求刺激,投机主义,掠夺别人的利益甚至是生命	责任、共情、遵守规则
边缘型	我不好、我很弱小,我无法自救	别人很强大,他们可以照顾我,但他们也可能背叛、利用和伤害我	我不能一个人生活,如果被抛弃,我会完全崩溃,我不能信任别人,不然我会受伤	惩罚别人,压抑与戏剧化的抗争状态,交替反复,自毁性的举动,缓解紧张	信任、自信、控制冲动、调节愤怒

（续表）

人格障碍	对自己的看法	对他人的看法	日常生活中的信念	常见的行为特征	缺少的行为特征
自恋型	优越感，认为自己有特权	别人都仰慕我，希望成为和我一样的人；大多数人都无关紧要，不值得我关注	因为我很特殊，所以我理应被特别对待；我必须击败挑战我的人；我是最好的；我要始终用心维护自己的形象	竞争，利用别人，操纵别人，自吹自擂，攻击挑战者，不遵守规则，欺凌比自己弱小的人	共情与体贴，互惠，关注他人
表演型	强烈地需要他人的关注和赞同	有别人的关注，我的自我感觉会更好；别人都很好操纵	如果没人仰慕我，我会完蛋的；只要我有魅力，别人就会关注我；要利用好自己的魅力，让别人来完成我的心愿	放大情绪，展露性魅力，未获得关注时会表现自己；不随心意发怒	控制冲动，性谨慎，忍受痛苦，反省式观察，互惠

141

　　这个结论对一般人是有效的，但是对这几类人会失效。

　　为什么呢？因为这几类人的行为失控都是病态的行为失控，他们的生理和心理都病了。他们的大脑发生了改变，意志力几乎很难起效。并且，他们对暴力、赌博和烟酒等行为会有超乎寻常的渴望，这种渴望不是仅仅出于心理，而是从生理到心理都有渴望。这种欲望的产生和大脑内的多巴胺分泌失常有关。多巴胺本身不会让人快乐，但多巴胺的分泌会增强人们对获得快乐的预期，也就是说成瘾人群大脑分泌的多巴胺会不断促使他们去做成瘾行为，而外界刺激的效果却在不断递减。这也是为什么如果他们的渴望得不到满足，他们在生理上会感受到真实的痛苦。

　　如果你的前任是这类人，你是因为痛苦和失望而远离他，但你又怀念他对你多么好，并且他也再三保证自己会改，所以你现在有点犹豫。这时，我希望你谨慎，直到对方已经发生了彻底的改变再进行选择，不然你们很可能会重蹈覆辙。

　　这不是因为他不爱你，也不是因为他没有意志力，而是因为疾病需要特定的治疗，并且治疗和康复都需要时间，在既没有治疗也没有康复巩固的情况下，疾病必然难以根治。

　　如果你还爱着对方，更好的做法不是贸然回到对方身边，而是提醒他去医院就诊，叮嘱对方遵从医嘱。如果对方讳疾忌医，或干脆认为自己没有任何问题（很多人格障碍的人都会认为自己完全没有问题，他们反而觉得是认为他们有问题的人有问题），那对方就几乎不会有任何改变。在这种情况下，即使爱得再热烈，你承受的痛苦也是非常大的。这种痛苦严重时甚至会导致一个人患上心理或精神疾病，甚至某些暴力行为还会致死。成年人对此尚且很难抵抗，更不用提孩子了，如果孩子生长在这样的环境中，受到的伤害很可能是一辈子的。

所以，我希望你明白的是，我们的确要对人怀有希望，也要相信爱的力量，但如果科学告诉你这个希望需要通过科学的方法来实现，我希望你更相信科学。

本节要点

☪ 在感情关系里，有四类人群我们要警惕：在感情关系中使用 PUA 手段的人、暴力行为失控的人、成瘾行为失控的人和有人格障碍的人。

☪ 在感情关系中使用 PUA 手段的人会用"打压"和"隔绝"两种手段。

☪ 暴力行为不只是身体暴力，也包括精神暴力，并且通常意义上的精英群体也可能存在暴力行为。

☪ 成瘾行为是一种从心理到生理都患有疾病的结果。

☪ 人格障碍并不少见，如果身边的人有人格障碍，我们需要换一种视角去理解他们，也需要换一种方式去互动。

行动指南

① 观察一下在自己之前的感情关系中，彼此是否存在"使用 PUA 手段、暴力行为失控、成瘾行为失控和人格障碍"的表现？如

果自己很难判断，可以求助专业人士，比如医院的精神科医生。

❷ 如果你或你深爱的人是这四类人中的一种，去寻求或嘱咐他去
寻求科学和医学上的帮助。

第 4 章

看见自己，重建自我

看见受伤的自己

分手给我们带来的难过有时候可以随着时间渐渐淡去，新的快乐和希望也会随着时间流逝一点点重新出现在生活中。

但如果心里留下了关于爱的伤口，又或心里原本就有关于爱的伤口，那分手或其他形式的感情破裂无疑是再一次撕裂伤口。

剧痛是重要的，但剧痛不是最危险的。因为剧痛至少能让我们立刻注意到受伤的自己，给我们机会主动寻求帮助。更危险的是那种隐秘的伤口，什么是隐秘的伤口呢？

- ☾ 再也不会有人这样爱我了
- ☾ 我不配拥有美好的爱情
- ☾ 无论多么美好的人和爱情来到我身边，我都没办法做好，我会伤害我爱的人

    ……

如果你有上述这些想法，那很可能，你心中已经留下了关于爱的隐秘的伤口，这个伤口有关我们对自我、对爱与被爱的信

念，让我们不再觉得自己值得被爱，也不再相信自己可以拥有和维护美好的爱情。

除了这样的信念，当一个人存在关于爱的隐秘伤口时，他还有哪些行为上的表现呢？表现如下：

- ☪ 在感情关系中，不敢表达爱和需要
- ☪ 明明觉得彼此是相爱的，但自己总是不敢全情投入
- ☪ 觉得对方做得有些不对，但是总劝自己说这都可以理解
- ☪ 不敢追求自己真正喜欢的对象
  ……

也就是说，在与爱和感情关系有关的行动上，总是选择主动放弃或主动退缩和回避。

爱的隐秘伤口与感情的破裂有关，感情破裂会加深这个伤口。

但这个伤口大多产生于一个人关于爱的最初体验——当我们还是孩子时，那些大人们和同伴们对我们的爱。这些大人不只是爸爸妈妈，还有像爷爷、奶奶、外公、外婆等其他亲人，还有老师们等重要的长辈。

看到这，你可能会想，我们该如何判断自己小时候有没有留下这样隐秘的伤口呢？这确实很难察觉，也有很多人就这样带着伤口生活了一辈子，有时候他们还会无意识地把伤害传递给伴侣

和下一代。不过虽然伤口很隐秘，但有两个问题能帮助你探索这
个问题的答案。

* ☾　在你的小时候，有没有哪个人让你感觉：只要他在，
　你就是安全的？
* ☾　在你的小时候，有没有哪个人让你感觉，你在他眼里
　是重要的？

如果这两个问题你都能第一时间想到确切的对象并给出肯定
答案，要祝贺你，你确切地拥有着关于自我的安全感与被爱的价
值感。它们会帮助你找到真正亲密和安全的感情关系，也让你既
能感受好的爱意，又能识别错误的关系，因为内在的安全感和价
值感会让你察觉到感情关系中的异常、危险与痛苦，会提醒你尽
早做出改变或离开。

但如果这两个问题都让你有些犹豫，你没有任何一个可以坚
定不移地说出来的对象，那你可能经历了发展性创伤障碍①。这个
创伤动摇了你的内在安全感，也动摇了你关于爱与被爱的自我价
值感。如果小时候你的爸爸妈妈或其他长辈，或任何一个同辈的
小伙伴，他们看见你时从来没有感到开心和幸福，你就很难体会
被爱和被珍惜的感觉。如果一个人的成长过程中总是充满忽视甚

---

① 巴塞尔·范德考克．身体从未忘记：心理创伤疗愈中的大脑，心智和身体 [M]．
北京：机械工业出版社，2016.

至是嫌弃，他就无法拥有内在的安全感。而当一个人没有内在的安全感，就很难识别出感情关系里的安全与危险。这样的人在面对感情关系时会呈现两种极端，把所有关系状态都视为危险，或把所有关系状态都视为合理。

在这本书的第 2 章中我也和你聊过安全感，而本节虽然再次提到安全感，但是两者之间是有差别的。差别是什么呢?

第 2 章的安全感与关系有关，但这节所提的安全感和整个生活有关。也就是说，第 2 章中的"没有安全感"是指一个人或许在爱情关系中没有安全感，但他在职场关系、友情关系等其他领域依然可以自信、主动且乐观。但当一个人有发展性创伤，那么他内在安全感的缺失很可能正在影响他生活的方方面面。他的爱情关系、友情关系、亲情关系、职场关系等，都很难让他感到真正的满足和安心。他明明已经觉得有些地方不对劲、也不应该是这样的，也知道自己值得被更好地对待，却还是没有主动做些什么去争取和改变现状，甚至劝自己其实这也没什么。

可是只要你的内心是受伤的，那么在夜深人静，当你静下心来仔细地看向自己的内心时，就会看到一个慌张的、委屈的、警惕的甚至是哭着的你。之所以会产生这种情况，是因为内在灵魂的空虚。你没有被爱、被需要、被真正地看见的感觉，即使身边有人相伴，但依然感觉自己孤独且无助，甚至无法把这些空虚和感受说出口。于是，你会没有自我价值感，你会失去对生活的掌控感。

这时候，如果你依然对美好的生活和爱情怀有期待，该如何做出改变呢？

如果此刻的你已经提出了这个问题，你可以肯定自己，因为你已经迈出了很重要的第一步：自我觉知，简单理解这个觉知就是说你开始留心你的自我是怎样的、发生了什么。没有留心，就没有内心。对自我的觉知会帮助你拥抱受伤的内心，然后重建你内在的安全感和价值感。

觉知是第一步，第二步是对自我的无条件接纳。

你如果关注心理学的通俗内容，应该已经在很多地方看到过无条件接纳这个说法。如果你思考过无条件接纳，可能会产生这样的困惑：难道无论我做什么，都应该无条件接纳自己吗？又或，在感情关系中，你爱对方，但对方明明做了伤害你的事情，难道这样的情况我也要无条件接纳吗？

不是的。

很多人都对无条件接纳有误解，无条件接纳的对象从来不是行为，无条件接纳的对象是你的感受。

也就是说，无条件接纳是自己觉知自己的感受，然后接受这些感受都是合理的，不压抑、不排斥、也不评价，而是试着找到这些感受正在告诉自己什么。同样，对相爱之人的无条件接纳也就是接纳对方的感受。

该怎么接纳自己的感受呢？你需要以下 6 个步骤。

1. 关注自己身体和心理的感觉，各个部位、各个器官的感觉，以及心理的感觉。

2．试着用词汇描述自己的感觉，有时候无法准确表达自己的感受是因为缺乏词汇，这时你可以借助情绪词汇表和感受词汇表。

3．把自己想象成孩子或一个你深爱的人，和自己进行对话，关怀自己。

4．不要压抑和否认自己的感受，试着和感受静静地待一会儿，问自己：如果这个感受会说话，它正在和你说些什么？

5．找到感受对你和生活的启示，如果是提示你行动，那什么样的行动对你来说既是关怀也是成长？

6．带着感受开始行动。

其实我们一直生活在一个忽略感受的世界里，或说，我们一直认为理性是优秀的，我们要不断精进和运用自己的逻辑。而感受是需要控制的，尤其是那些负面的感受，我们对待它们像对待洪水猛兽一般。

虽然有时候糟糕的感受确实会让人暂时失去逻辑，行为也会相应失控，但这类问题的关键点不在于感受，而在于我们如何运用感受。一个人如果总是忽略感受，那就好像被割伤了却毫无知觉，直到血流尽了才猛然发现自己身上有伤口，并且这个伤口从来没有愈合。

感受其实是一个探照灯，既照亮那些快乐和幸福，也会提醒你关注自己内在警觉和受伤的那部分，提醒你做出行动来改变。

勇敢者才能和这些负面的、糟糕的、脆弱的感受共处。

那为什么明明感受很重要，一些人却会养成忽视感受的习惯呢？是因为他们不勇敢吗？

不是的，是因为小时候的环境让人觉得无力。即使察觉到了危险和不对劲，对一个尚且年幼的孩子来说，他也无力做出什么改变。在这样的情况下，越关注那些负面的感受就越会让自己难受、痛苦，所以一些孩子会告诉自己一切都很正常，告诉自己不要在意，然后就渐渐形成了压抑和忽视感受的习惯。

形成这样的习惯意味着什么呢？意味着人们看待环境的视角发生了改变，这让人们形成了一种创伤性的视角：对环境总是无力、无力到最后干脆放弃了主动和行动，把生活的掌控权都交给别人，即使觉得别人对自己不好也总是忍耐。创伤性的视角解释了为什么一个人即使已经长大了、变强大了，但他面对一些人、一些事依然慌张并且态度总是倾向躲避，这是因为创伤性的视角影响了他的感受和思维——他没想过自己除了被动忍耐还可以尝试改变环境，他也不知道自己已经可以改变环境，或可以直接离开这个环境。

所以，在无条件接纳自己之后，我们需要培养自己的现实性的视角。

怎么获得现实性的视角呢？

完全的现实性的视角很难获得，生活的真相总是露出一部分、隐藏一部分。被隐藏的那部分有时是有意被隐瞒，但也有时确实是因为没人知道真相是什么。

完全的现实性视角几乎只能在看虚构故事时获得，比如小说、电影和电视剧中的"上帝视角"——你知道发生了什么，知道每个人的想法、做了些什么，知道事情与事情之间的因果关系，也知道故事的结局有哪些是必然发生的，又有哪些是偶然事件造成的。也就是说当一个人拥有上帝视角，他会知道如果想要改变结局，可以试着去改变哪些时刻。

不过这样的现实性视角在生活中很难获得。

而我们要获得的现实性视角是：尽可能让自己面对真实的自己和真实的世界，不断地更新对自己和自己所处的环境的认识，尤其要关注自己和环境之间的关系。什么意思呢？比如，当我们还是个孩子时，我们无法独自生活，离开大人会没法吃穿住行，会感觉自己完全无法生存；但当我们成为成年人，工作后有了一些存款，我们会逐渐培养自己独立生活的技能，这时候我们离开任何人都可以一个人活下去。虽然环境没有变，但你变了，于是你和环境的关系也变了。

如果自己不知该如何观察和认识自己与环境，可以和不同的朋友多聊聊这个话题，问问在他们眼中的你和你所处的环境是怎样的，问问他们认为你可以做到什么、可以改变什么。

我们在感情关系中也是如此，要时不时观察自己、观察对方、观察自己和对方的关系，以此重新认识自己需要什么、能做什么、能要求什么、能改变什么。当我们深陷在爱中时，有时候可能会迷失自己，忘记觉知与观察自我和现实，甚至分不清自己和对方。在任何一段关系中，你都需要做到下面这些事来完成自我关注和自我关怀。

第一件事，保持对自我的意识和认识。去拥有和了解自己的感受与想法，去理解自己的感受和想法，即使它们让你觉得不舒服也要深入了解，因为这很可能是个重要的提示。

第二件事，照顾好自己，为自己留下充分的时间睡觉、休息、锻炼、吃饭和培养兴趣。无论何时，你首先是你自己，其次才是其他人的儿女、伴侣或父母。

第三件事，知道自己和对方的相同点与不同点，理解相同与不同背后的原因，不盲目地改变自己或对方。

第四件事，尊重自己的需求和利益。如果你觉得某件事值得去做，那这件事就是值得的，你就可以去尝试（当然，这件事不应该是有伤害性的）。

第五件事，始终坚持表达的权利，把握改变的机会。如果一件事让你觉得不快乐甚至生气，你要说出来，也可以要求改变。最终结果或许是改变发生了，或许是你让步了，但不管怎样，你都要表达和争取，而不是选择压抑和委屈自己。

第六件事，始终保持对自我的关怀和同情。告诉自己所有人都会犯错，犯错时不要指责自己，而是试着从错误中了解自己并获得学习成长的机会。

不过看到这，你可能依然对自我以及现实视角有点困惑。在接下来的每一节中，我都会继续试着和你一起认识自我、发现自我和观察现实。

本节要点

- ☾ 在成长过程中，如果周围人总是忽视我们甚至嫌弃我们，那我们就有可能形成发展性创伤，这是与自我价值感有关的非常隐秘的伤口。
- ☾ 想要应对发展性创伤，第一步应该试着无条件接纳自己，第二步应该试着形成现实性的视角。
- ☾ 无条件接纳的对象不是行为，是感受。现实性的视角是指不断更新对自我和对环境的认识。
- ☾ 在任何一段关系中，你都始终要注意自我关注和自我关怀。

行动指南

1. 试着通过本节的两个问题检查自己是否存在发展性创伤。

2. 如果有，试着练习无条件接纳自己感受的六个步骤，记住提前准备好情绪词汇表和感受词汇表。

3. 试着在你感到无助的地方重新认识你和环境的关系，练习使用现实性视角。你可能需要相信你并鼓励你的朋友来帮助你完成视角的转换。

4. 回顾上一段感情关系，试着觉察一下你当时有没有尽可能地做到自我关注和自我关怀，如果没有，设想如果回到过去，你会怎么提醒自己做出改变？

总是自卑怎么办

在本节和下一节中，我会和你聊聊如何应对自卑，如何接纳不完美的自己。

无论看起来多自信、多完美的人，都会有自卑或不想面对的不完美。比如，我曾在咨询室接待这样一位来访者，她是一位很漂亮的姑娘，她说她一直不愿意拍照，因为她觉得自己很丑。我觉得有点奇怪，心想难道我现在看到的是整容后的她，她对自己的印象一直停留在整容前？于是我问她觉得自己哪里丑？她说："我的鼻子是歪的。我小时候鼻子受过伤，爸妈没有及时带我去治疗。"

听完这句话，我仿佛看到那个十几岁的小女孩，受伤后的每一天都观察自己的鼻子，拿着尺子比量自己的鼻梁是否是歪的，每次看向别人，都小心翼翼地观察别人有没有注意她的鼻梁。我当时也认真注视了她的鼻梁，在她的提示下，发现了似乎零点几毫米的右歪。

再比如，我有个朋友，年近四十，事业有成，家庭圆满。别人都很羡慕他，但他自己始终对一件事耿耿于怀。他是位商人，他的父亲是一位大学教授，他很崇拜自己的父亲，但父亲却总是对他说："商人的眼里只有钱，你真让我失望。"他自己其实也后悔当初因为叛逆没有努力考一个更好的大学，他一直觉得这件事是他人生中的一个污点，再加上他的父亲对他的失望和指责，这个污点变得更大、更刺眼了。即使外界的人都很敬佩他，都在夸赞他，他的内心却总有一个声音在说："你真让我失望。"

所有人都不完美，因为完美的标准在外界。如果我们总是通过和外界进行比较确定这个标准，那么几乎没有任何人能达到这个标准，因为比较是没有尽头的。那么与不完美有关的自卑和不接纳自己的区别是什么？

举个例子：

小 A 很擅长跳舞，小时候他的舞蹈经常得到夸赞。渐渐长大后，他发现无论自己的舞蹈跳得多么优秀，他总是得不到领舞的位置，后来，他渐渐地意识到这是因为他的长相。

自卑是什么？自卑是他也开始觉得自己长得很丑，不愿出现在大家面前。即使有些舞蹈动作他做得很棒，老师让他给大家做示范，他也不愿意在大家面前展示。

不接纳自己是什么？是只要看舞蹈的人看不到他的脸，他就愿意展现自己的舞蹈，每当他将自己的舞蹈视频上传到各大网络平台，网友都会夸赞他的舞蹈，但他从不愿回应网友对他长相的好奇。

所以，自卑是你觉得自己某方面不好，渐渐觉得自己整个人都不好，这种感觉甚至阻碍了你展现自己优秀的那些方面。不接纳自己是你觉得自己某些方面不好，于是你把自己不好的那些方面深深地隐藏了起来，只愿意展现自己自信的那些，但你的内心始终受到缺陷带来的困扰。

其实自卑意味着一个人对自我是敏感且有觉察的，这种特质本身是优势。使用得好，这种特质可以帮助一个人更好地认识自己、发展自己，这种能力也可以迁移到与外界的社交和沟通上，可以让你更好地走近他人的内心，去交流、去驱动他人。这也是为什么我们总能从杰出的人身上观察到他们的敏感与觉察。

那敏感和觉察是如何走向自卑的？

一些心理学的调查发现，女性的自卑程度显著高于男性，也就是说即使是同样优秀的两个人，女性的自我评价也总是低于男性。为什么？因为从小到大，人们接受的教育都是让女孩们要更多地注意他人对自己的评价，留意自己在他人的眼中是不是得体——如果他人的评价是固定的甚至含有贬低的，女孩们就可能形成自卑心理。当然，不是说所有男性都不自卑，一些男性也自卑，尤其当他的敏感程度和自我觉察能力也很突出时。

自卑几乎是敏感和自我觉察必然会带来的产物——正因为认识自己，才会看到自己身上的不足之处。但原本自卑可以被克服，并不会阻碍一个人展现自己的优秀，这种感觉甚至可以变成激励自己进步的动力。现代自我心理学之父阿尔弗雷德·阿德勒（Alfred Adler）就写过一本《超越自卑》，告诉我们如何从自卑走向卓越——是心灵上的卓越，而不是世俗意义上的卓越。

一个人之所以变得全方位地自卑，很大程度是因为小时候那些"他人的眼中"。这些目光和评价既不友好也不温暖，甚至不客观地带着些恶意。

没有一个孩子生来就是完美的，也没有一个孩子生来就是自卑的。

你知道为什么很多心灵上的问题都是小时候留下的吗？

因为小时候的我们对世界、对自己还没有一个成熟又稳定的理解，我们的理解都来自那些对我们很重要的他人，尤其是那些很重要的大人。当他们的理解有伤害性时，我们就会对自己产生有伤害性的理解。

他们向我们提供吃的、穿的，决定我们能不能去远方的游乐场或是其他想去的地方，我们的一切都要依赖他们。在小时候的我们的心里，他们又强大又重要，他们是小时候的我们和这个世界的连接点。

当这些重要的他人让我们觉得"自己不行，不值得展现在世界面前"时，我们即使不懂这是为什么，但这种感觉已经深刻地留下了。当我们透过他们的眼看向这个世界时，这种感觉也笼罩了我们的整个世界。长大后，无论我们对世界的观点怎么变，只要这种感觉还在，那种害怕和退缩就还在。

自卑是一种敏感和觉察能力的体现，也是一种带有重要的他人影响的感觉。

所以，想要克服自卑，你需要用好自己的能力，调整这种自卑的感觉。

再重复一次，自卑是什么？自卑不是你真的做不到，是你觉得自己做不到。

换句话说，自卑代表一个人的胜任感很低。胜任感是什么？胜任感不是说你实际能不能做到，胜任感是你觉得自己能做到。自卑感的反面便是胜任感，很多在自卑的人看来不够优秀的人却能勇敢地展现自我，哪怕他们失败了，还能继续勇敢地尝试，是因为这些人很有胜任感，他们觉得自己行。

胜任感这一说法来自美国心理学家瑞安·理查德（Ryan Richard）和德西（Deci Edward）提出的自我决定论。自我决定论认为，一个人想要或去做一件事，是因为这件事能唤起他的内在动机，也就是三种重要的感觉：胜任感、连接感和自主感。

你已经知道了胜任感，那连接感是什么？连接感是你知道你身处的环境中有人在给予你关注，他们会在你想要支持时支持你，或你可以从他们身上争取到支持。自主感是什么？自主感是你觉得你可以决定自己做还是不做，你对自己的生活和行为有掌控感。

比如同样是体重超标，自卑的人很可能觉得自己是丑的，并且认为自己会越来越胖，永远不可能减重——也就是缺乏胜任感；认为周围人只会嘲笑自己，并不会真心关心和帮助自己——也就是缺乏连接感；其实自己体重超标很大程度上是因为父母总是给自己吃得太多，但即使明确告诉父母，自己想要减肥，父母还是会让自己吃各种食物，自己无法拒绝——也就是缺乏自主感。

自卑的人的三种感觉其实都被破坏了。每个人都有自卑的时刻，但只要连接感还在，知道自己能得到友善的关注，也会得到可以克服阻碍的帮助，就还是会去尝试。只有陷入无助境地，觉得自己完全无法把控自己的生活时，人们才会真正放弃尝试。

所以，如果你想要克服自卑，就需要从这三种感觉入手。那应该怎么做呢？

这个过程需要我们小心翼翼，用对一个孩子的态度对待自己——父母没有给你的相信和支持，你要自己给自己，做自己的父母，既相信自己又小心翼翼地保护自己。

先试着打破原来的生活节奏，找回自己的自主感和胜任感。挑选那些你隐隐觉得自己可以做到的事情默默坚持，每天做一小步。比如，每天读 5 页书、每天早晨起来喝一杯清水、每天背 5 个单词，等等。

这样做的好处是什么？好处是自主感和胜任感会开始积累。很多人会想凭借一次巨大的反转性的胜利克服自卑，这件事不是不可能，但需要很多机缘。而这些一小步、一小步的做法是你无论何时何地都可以进行的，完全不依赖你的环境。

而且，自主感和胜任感会泛化。什么意思？简单来说，当你坚持住一件事，你会觉得其他事只要你想坚持就也能坚持。当你做成一件了不起的事，你会觉得其他事你也能做成。

这种感觉的泛化既是自卑的成因——对某一方面的自卑泛化到了一个人对自己的整体评价，也是自满的成因——某一方面的骄傲泛化到了自己其实并不擅长的领域。

感觉的泛化是人的本能，自满的时候我们要用理性克服这个本能，但自卑的时候，我们要利用本能改变自己，并且利用本能也会减少改变的阻力和阻碍。

为什么要默默坚持？因为这是一个最有掌控感的环境，你不必在意周围人的眼光和评价，自卑的人对他人的眼光和评价其实会有些畏惧，但我们不必从一开始就去克服这份畏惧，我们需要先建立自主感和胜任感。

直到有一天，当你的内心真的觉得自己坚持住了，并且这份坚持让你感到自豪时，就是去找连接感的时候了。

不要去找那些过往带给过你伤害的人，哪怕他们是你内心真正在意的人。因为在连接感建立以前，你对外界的安全感依然很脆弱。

你要去找那些温暖的、具有支持性的人。可能是曾经无意间真心夸奖过你、鼓励过你的人，也可能是你身边一个让你羡慕又欣赏的充满活力的朋友，或是带领你发展成长的心理咨询师，先从这些安全的人身上获得温暖友善的关注和支持。

直到你有信心自己总能获得关注和支持时，再去靠近那些你又在意又害怕的重要的人。告诉他们你做到了什么以及你觉得自己很棒。这时候即使他们依然打击你，你也可以试着坚定地看着他们，告诉他们："你的看法是错的，不过你可以坚持你的看法，我也坚持我的看法。"

这三种感觉的建立过程可能会有些漫长，也可能会有些曲折，但是你只要坚持住，就一定会发生改变。这其实是一个重新建立你内心世界的过程，让你不再依赖他人的理解，而是用自己的眼睛和双手理解和建造自己的世界。

下一节，我们来谈谈如何面对自己的不完美，这几乎是所有人都要面对的议题，还是那句话，没有任何一个人是完美的。

本节要点

☾ 自卑意味着一个人拥有敏感和觉察的能力，这本身是一种优势，我们可以运用这份优势追求心灵上的卓越。

☾ 自卑是一种感觉，这种感觉很可能来自对你很重要的人的眼光和评价。

☾ 自卑不意味着你不行，自卑意味着你觉得你不行——这也是胜任感的反面。

☾ 想要克服自卑，你需要试着重建自己的胜任感、连接感和自主感。

行动指南

① 试着找到你最有可能建立自主感和胜任感的行动计划，然后坚持实行。

② 观察在周围亲朋中，有哪些人让你获得了连接感？有哪些人其实正在破坏你的连接感？多和前者建立联系。

如何接纳不完美的自己

通过上节内容，你已经知道了自卑和不接纳自己的区别是什么，前者是全方位的退缩，后者是对缺陷部分的遮掩。

遮掩有时候是现实生活中的一种生存策略，为了达成某个目标，我们需要只展现自己的优势。但是不接纳自己缺陷的背后却还有一种深深的焦虑和羞耻感，如果你经历过，你一定懂这种感受。

导致我们不接纳自己的缺陷的事件通常发生在小时候，也就是我们对自我对这个世界还没有形成独立的、稳定的看法的时候，这有两个主要的原因。

第一个原因是，每个人的缺陷都是自己的弱点，你可能经历过别人对你弱点的攻击。也就是说你身边的人，爸妈或兄弟姐妹，曾经取笑你这个弱点，比如你身上的某个疤痕、不善言辞的内向性格或爱哭的性格等。他们不仅嘲笑你，甚至利用你的弱点满足自己的利益，比如利用你的不善言辞，把坏事的责任推到你身上。这种环境会让人觉得不安全，每一个弱点只要展现出来就是一个活靶子，只会招来一次又一次的攻击。

　　第二个原因是，我们都希望别人喜欢我们，希望感受到自己是值得被爱的。但我们发现符合标准才会被人喜欢，而这个标准毫无缺陷，是完美的。于是，当我们想要得到爱时，我们就会假装自己很完美，或至少我们会拼命遮掩那些不完美的地方。

　　所以为什么我们会不接纳自己的缺陷？因为我们所处的环境没有给我们足够的安全感，哪怕是正常展露我们的缺陷也会带走爱意甚至招来危险。在这种情况下，我们甚至会更加依赖某些重要的人，希望他们爱我们、喜欢我们。但正因为他们只喜欢完美的我们，所以我们只能越来越假装自己是完美的，以此去追求和重要的人之间脆弱又虚假的连接感和归属感。

　　可见，童年真的很关键。

　　看到这，如果你对童年怀有怨言，我想告诉你的是，知道童年对自己存在消极影响的目的是改变现在。而且，直面人生的、父母的和所处环境的不完美也是我们的人生中需要应对的功课，试着在不完美中依然活出有价值感的人生。

　　那我们现在该怎么办呢？

　　环境很重要。小时候的环境我们没有办法自主选择，我们可能遇到了糟糕的环境。但现在你成长了，不再是那个担惊受怕、孤立无援的孩子，那些攻击你的人可能现在已经不在你的身边了，你有了新的机会重新选择和建设你的环境，不要放弃这个机会，要有信心。

　　避免接触那些利用你又嫌弃你的朋友和恋人，他们有时候是故意去寻找内心脆弱的人，因为内心脆弱的人更有可能屈服于他们，更有可能满足他们自私的要求。你要找那些温暖的人做朋友，也要找真心欣赏你的人做恋人，你也值得这样的朋友和恋人。

关注点也很重要。因为小时候的重要经历使得我们把对自己所有的关注点都放在缺陷和弱点上。你不接纳自己的缺陷，是因为当时的你只有这么做才能在当时的环境中过得好一些。这其实是一种明智的自我保护的生存策略，在这一点上你要肯定自己。

只是现在，我希望你能更进一步，每天多看到自己的一些优点，培养主动寻找自己优点、肯定自己和鼓励自己的习惯。如果你愿意试一试，可以找一本专属的日记本，每天写一个自己的优点，或每天写一句肯定自己的话——比如今天尝试了什么、做到了什么等，或如果你一下子找不到肯定自己的地方，那就鼓励自己一下——鼓励自己明天做出哪些新的尝试。先试着坚持 100 天，如果中间有暂停也没关系，那就坚持写满 100 个。

我还想补充一个现实生活中不常见，但有时会在咨询中碰到的问题。

有一些人，他们不仅不能接受现实中自我的缺陷，想象中的缺陷也让他们备受煎熬，他们常常问的问题是："我怎么可以有这种想法呢？"比如说，有一位来访者告诉我，她在被男友分手后，有时会恨到忍不住希望对方消失，她甚至想象了对方出车祸的场景，但当她回过神来时，这样的想法又让她陷入恐慌与自责。她不知道自己怎么会产生这么恐怖的想法，是因为她不善良又恶劣吗？而且，她还会指责自己："对方在分手前其实对我很好，我怎么可以因为分手就变成了一个如此忘恩负义的人？"

人们为什么会有这些看起来不合理甚至不道德的想象？

因为想象原本就是人的天赋和本能，想象带给我们学习和共情，我们在大脑中通过想象模拟别人的做法，也在大脑中通过想象他人的境况和他人产生共情。那自己产生这种阴暗的想象是因为什么呢？是想象在情绪的影响下对现实生活做出的补充。

也就是说，当我们产生这种阴暗的想象时，其实是在排解自己的情绪。想象有多阴暗，就代表我们的情绪有多激烈。大脑只是希望通过想象让情绪平静下来，并且正因为我们拥有道德感和其他高尚的品质，我们这些想象才只会在大脑中进行，而不是在现实生活中实施。这种想象其实克制了情绪导致的现实冲动。

那什么样的情况下，阴暗的想象会变为实际的不道德行为？当想象与现实越来越近时，也就是说，一个人已经根据现实，在想象中做出了具体的行为计划时，我们就需要警示这样的想象，无论是自己的还是别人的，因为这样的想象证明这个人很可能正在犯罪的边缘。

说到这，你已经知道了人们之所以不接纳不完美的自己，是因为缺乏安全感和归属感，也知道了阴暗的想象是对现实生活的情绪排解和行为克制。

那为什么有些人可以平静地接受不完美的自己，有些人却会因为不完美感到焦虑和羞耻呢？除了对爱的安全感和归属感，还因为什么呢？

还因为自我和情绪之间的关系。美国心理学家希金斯（E. T.

Higgins）提出了自我差异理论，他将自我分成：现实自我，理想自我和应该自我。自我差异理论解释了自我与情绪之间的关系。这什么意思呢？

以看书为例：

☪　现实自我是一年看 2 本书。

☪　应该自我是半年看 2 本书，也就是我们对自己的要求，并且我们认为这个要求是可以实现的。

☪　但理想自我是一个月甚至 1 周读 2 本书，对工作很忙的人来说，这虽然不是不可能，但进步的跨度有点大。所以，一般人会把理想视作目标和梦想，而不是当下的要求。

做不到自己应该且可以做到的事情，人们会感到焦虑。

做不到自己理想但难度确实很大的事情，人会感到平静或感到失落。

所以，因为觉得自己有缺陷而感到焦虑的人们，其实是错把"理想自我"当成了"应该自我"，也就是说，其他人觉得完美和全能是最终极的理想状态，而焦虑的人们觉得，自己就应该是完美和全能的。

为什么有些人会将理想自我视作应该自我？

这种错位的要求既有可能来自你身边的重要的他人，也有可能来自你自己。

比如，有些父母期望自己的孩子是完美的，这种期望一旦没有达成，父母就会感到失望。孩子爱父母，自然希望父母不要对自己失望。于是为了得到父母的爱和肯定，他们便要求自己必须努力达成父母的期望。慢慢地，不管父母的期望如何不合理，都会内化成这个孩子对自己的要求。

人追求爱和肯定的动力超出我们的想象，这种动力甚至会以自我伤害的方式体现。所以，如果你需要你伤害自己才能获得身边重要的人的爱和肯定，那么即使你得到了这样的爱和肯定，你的内心也很难得到真正的滋养。

你需要尝试识别自己对理想自我的要求是不是与他人的期待有关，是不是其实你真正想要的是他人的爱和肯定，却误把目标定为满足他们对完美的期待。如果是这样，请你先仔细思考他人的期待是不是你真正想要的人生，如果这种人生的确是你真正想要的，那就去把它当作理想追求。如果不是，就试着找到自己想要的人生。

然后再思考：除了满足他们对完美的期待，你还有没有什么别的方式可以得到他们的爱和肯定？如果要以伤害自己为代价，你还想要这份爱和肯定吗？

那在什么情况下，这种错位的要求来自自己呢？当我们错误预估了自己的能力与现实之间的差距时。

还是上面看书的例子，哪怕一个人现在一年读 2 本书，他也有可能觉得其实自己的阅读速度和理解能力都很好，只要自己真的去做就一定能达成一星期 2 本的阅读目标。但实际上，他的阅读速度和理解能力都没有达到这个水平，同时，他的工作和生活也决定了他并没有足够的时间来完成这个目标。也就是说，能力和现实都无法达成理想中的情况。

所以，对我们来讲，客观评估自己的能力和客观评估现实情况都很重要，因为只有这样才能制定一个合理的现实目标。

如果觉得自己很难客观地制定目标，也可以寻求身边了解自己的人帮助你制定目标，或可以定一个分为十个等级、难度不断递增的目标，先从最容易的目标做起。最容易的那个目标也做不到的话，就再从最容易的目标往下定十个等级，继续从最容易的那个做起，直到达成目标再逐级往上提升难度。

最后我想和你聊聊人生的缺憾。每个人都有缺陷，相应地，每段人生也都有缺憾。

如果你还小，"缺憾"这个话题可能会显得有点遥远和陌生，因为你的人生还有无限的希望和可能性。但其实每个人的一生，无论他是怎样的，无论他有多努力，都一定有缺憾。

为什么？

我们在做选择时，往往会更多注意这个选择能获得什么，但实际上，每一个选择背后都是放弃了其他无数选择。所以，选择即放弃，得到即失去。你做出的每一个选择在让你得到某些东西的同时，也在让你正在失去某些东西。

人生的某个时刻，你会留意到过往的选择背后的那些放弃和失去，都是每个人终将面对的缺憾。

如果你能始终直面每一个选择背后的放弃，能直面得到背后的失去，就能直面人生的缺憾。这样的直面需要很多勇气和智慧，你既要勇敢地面对诸多选择本身，也要充满智慧地看到这些选择的收获和代价，然后从中做出你最想要的选择。

其实很多人怕的并不是失去，而是怕这些失去不值得。所以，我们需要在每一次进行选择时问自己，我现在努力争取的一切，相比于即将失去的东西，是不是值得？如果争取失败，还值不值得？如果两个问题的回答都是"值得"，你就不留遗憾地去做。如果想不明白，就重新做选择。

过去的你已经做出了很多选择，分手也是一个选择。这些选择让你得到，也让你失去，这些得到可能你最初就有意争取，但那些失去也可能事与愿违。

过往的所有选择构成了现在的你，而你现在所有的选择也会构成未来的你，所以，希望本节内容能让你明白，你越早直面选择背后的放弃，越勇敢又智慧地做出选择，你就越能平静地接受人生本来就会有的缺憾，拥有让你觉得更值得的人生。

本节要点

☾ 当我们想要得到关注和喜欢时，如果敏锐地察觉对方希望我们是完美的，我们便有可能拼命遮掩自己的缺陷，假装自己很完美；而当环境是安全的、友好的、温暖的，不完美便也能自然地展现。

☾ 童年无法改变，但我们可以改变自己现在的环境和关注点，尝试自我鼓励和自我肯定。

☪ 想象是大脑对现实生活做出的补充，阴暗的想象有时是在排解压抑的、激烈的情绪。

☪ 如果我们错把理想自我当作应该自我，我们便可能始终对自我怀有焦虑的感觉。

☪ 留意每一个选择背后的得与失，会帮助我们更从容地应对人生本身的不完美。

行动指南 ⋅☀⋅

① 觉察自己对完美自我的期待来自哪里？是环境还是重要的他人，或是自己？

② 准备一本专属的日记本，每天记录 1 个自己的优点或对今天的自我的肯定，也可以是一句鼓励自己的话（强烈建议用纸质的本子手写）。即使间断也没关系，坚持记录 100 条。这样做本质上是为了形成一个新的看待自我的视角和习惯。

③ 留意自己最近的想象，觉察你的想象反映了你的哪些情绪和需求？

④ 在某一个当下你的具体目标上，写下现实自我、应该自我和理想自我的具体表现。

⑤ 觉察自己最近的一个选择背后的得与失。

建立属于你的心理支持系统

只要相爱，无论彼此最后是不是走向了分手，都一定会有伤害。

为什么？因为深层的爱意味着你完全敞开了自己，你会用坚强的自己去爱对方、保护对方，但同时你也把自己最柔软、最脆弱的一面都展现给对方，向对方交付整个自我并与对方紧密相连。于是，爱的互动中的每一根线都在牵扯和触动你的这些柔软和脆弱。

完美的爱存在吗？如果说完美的爱是指毫无伤害的爱，那完美的爱并不存在。两个陌生的、独立的个体从相识到相爱，之后的每一分每一秒对彼此来说都是全新的时刻。全新的时刻意味着什么？意味着挑战。挑战就好比一次新的旅途，意外和不顺利都是意料之中的事。完美的爱不在于没有伤害，而在于伤害发生以后我们能以建设性的方式应对，在伤害中彼此关怀和成长，最终拥有真正的亲密和幸福。其实分手也可以以一种建设性的方式应对，分手意味着重新选择和再次出发。

只要你依然会去爱他人，就依然可能受到伤害，所以你需要拥有一个有弹性的自我，也就是心理弹性。什么是心理弹性？简单来说就是 8 个字：始终成长，不惧伤害。

始终成长意味着什么？意味着你对自我的觉察和认识越来越深刻、越来越清晰，同时，你的自我变得更加强大，带领你走向你的人生目标。

不惧伤害意味着什么？意味着当你遭遇外部打击或自我怀疑时，你依然有信念和方法去应对这些打击和怀疑。你相信自己的力量，也相信你能从外部寻求支持和帮助。对内的不惧伤害意味着你有比较强的信念，对外的不惧伤害意味着当你受伤时，你知道去哪里、向谁、寻求什么样的帮助。

为什么要同时拥有这两种能力呢？生活中我们会遇到这样一些人，他们始终在向阳成长，在光明的人生中很努力、也付出了很多。当人生顺利、周围人都善良又体贴时，这样的生活和成长确实很美好。但是，当挫折突如其来，甚至是天灾人祸突然发生时，他们对自我、对人性的认识很可能会支离破碎，并在这之后走向另一个极端，从积极乐观猛然转变为消极悲观甚至怨恨和封闭。

有的人幸福是因为运气，有的人幸福是因为实力。拥有能创造幸福的实力，才会真正地拥有长久和安全的幸福。所以，始终成长是重要的，就好比植物在光合作用下的生长。不惧伤害也是重要的，甚至更为重要，就好比面对环境骤变，例如事业上的挫折和恋人的背叛，又或其他暴风骤雨时，我们既要能存活下来，还能在这个过程中将打击变为养料，获得更多的成长。

那么，怎么建立属于你的心理支持系统呢？

这个问题的答案和每个人的目标有关。面对不同的目标，我们需要组成不同的系统，这也是心理咨询师在心理咨询中一直在努力做到的事。当明确现状和目标后，咨询师协助每一位来访者建设属于他自己的心理支持系统，并且协助来访者练习如何灵活地运用这个系统。

灵活是指什么呢？灵活是指你能根据自己的目标，从这个支持系统中找到最合适的对象，这个对象可能来自外部、也可能是你自己，然后调动自己的不同技能和不同特质，比如沟通的技能和乐观的特质，向他人或自己寻求支持和帮助。比如，既能在工作中克制住情绪做出理性决策，又能对爱人袒露自我和爱人交流情感；或既能在自己需要帮助时，向周围环境和朋友主动开口争取最合适的帮助，也能在遇到外部各种各样的要求时，勇敢地承担或拒绝。

任何灵活运用是否有效、是否适合自己，都取决于目标。

那么对你来说，目标是什么？虽然我不知道此刻的你的目标是什么，但是从心理学的角度来说，每个人活着的目标都具有这三个元素：生存、繁衍和意义。简单来说，生存就是活着，比如赚钱满足自己的衣食住行等；繁衍就是有孩子、养育孩子，建立和壮大家族等，和基因、血缘的传递有关；而意义就是让你感受到自我的独特性和重要性，让你感觉自己的生活和人生都是有价值的。

繁衍可能不是每个人都会有的目标，但生存和意义这两个目标基本上每个人都是有的。比如，吃饭、喝水、睡觉是生存，仪式化地吃饭是意义；工作既可以是生存，也可以是意义；爱既可以是意义也可以是达成繁衍目标的一部分。每个人的目标拆开来看总能找到这三个元素的影子。

而如何建立你的心理支持系统呢？你要关注这个系统中，哪些模块和功能有助于你达成目标，当目标遭到打击和挫折时，这个系统是否能让你完成自我更新去适应新的环境，再次去争取达成新的目标。

那么什么样的心理支持系统，既能让你不断地逼近幸福，也能让你在遇到伤害后不仅会康复，还会更加强大？你要关注外部和内部这两个模块，并留意这两个模块有没有协助你达成以下这四个目标：

1. 自我认知：例如你是谁、你有怎样的特质等。
2. 自我发展：例如获得更多的技能、做出更多的尝试等。
3. 亲密关系的认知：例如什么是真正的爱、亲密关系的相处是怎样的等。
4. 亲密关系的发展：例如如何增进亲密关系沟通的技能、家庭运作的技能等。

在自我脆弱的时期，也就是内部相对混乱和低迷的时期，外部模块就显得尤为重要。

除了你自己，剩下的都可以归到外部模块，比如你的父母、

朋友和同事等，你的学校、公司、家乡等，你的信息来源，例如
书籍、社交媒体、讲座等。如果你此刻正在关系破裂的纠缠期，
那对方也是外部模块的一部分。你要找到你的外部模块由哪些部
分构成，以及其中哪些部分对你的影响更大，积极影响和消极影
响分别是怎样的？当你在亲密关系中遭遇困难和挫折时，能从哪
些部分获得提示和帮助？具体来说，比如哪些部分可以帮助你认
识和管理自己的情绪，帮助你获得应对吵架和冲突的沟通技能，
帮助你在自我怀疑和自我否定时保持信心，等等。

　　如果此刻你正处于亲密关系的破裂期，试着看看你周围有哪
些渠道或关系，从中挑选 5 个影响相对比较大的，然后看看他们
对这个阶段的你的影响是积极的还是消极的？试着完成表 4-1：

表 4-1　外部模块影响表（亲密关系层面）

你的外部模块	对自我认知的影响	对自我发展的影响	对亲密关系认知的影响	对亲密关系发展的影响
1.＿＿＿＿＿	积极 / 消极	积极 / 消极	积极 / 消极	积极 / 消极
2.＿＿＿＿＿	积极 / 消极	积极 / 消极	积极 / 消极	积极 / 消极
3.＿＿＿＿＿	积极 / 消极	积极 / 消极	积极 / 消极	积极 / 消极
4.＿＿＿＿＿	积极 / 消极	积极 / 消极	积极 / 消极	积极 / 消极
5.＿＿＿＿＿	积极 / 消极	积极 / 消极	积极 / 消极	积极 / 消极

　　然后同样还是这些外部模块，跳出亲密关系的目标，从更大
的生命的目标填写表 4-2。

表 4-2　外部模块影响表（生命层面）

你的外部模块	生存目标	繁衍目标	意义目标
1.＿＿＿＿＿	积极 / 消极	积极 / 消极	积极 / 消极
2.＿＿＿＿＿	积极 / 消极	积极 / 消极	积极 / 消极
3.＿＿＿＿＿	积极 / 消极	积极 / 消极	积极 / 消极
4.＿＿＿＿＿	积极 / 消极	积极 / 消极	积极 / 消极
5.＿＿＿＿＿	积极 / 消极	积极 / 消极	积极 / 消极

注：繁衍目标如果没有可以空着。

　　积极影响的外部模块越多，你的外部支持系统就越强大。你要有意识地增加对你有积极影响的外部模块，在生活风平浪静的时候就要多积累和发展这样的外部模块。因为首先，这会让你的生活和感情更幸福；其次，当你在生活或亲密关系方面遇到困难时，他们也都是你可以求助的对象。

　　为什么要在生活风平浪静时就有意识地积累和发展外部模块呢？这是因为这时候你会更有心力去做这些——无论是与人沟通交流还是看书学习。更重要的一点是，这个时候你的态度会更开放，会更有可能思考与接纳不同的观点和建议，而对多样性的开放与接纳是持续更新自我的重要基础。

　　另外，仔细观察表格你会发现，绝大部分让人痛苦挣扎的外部模块都会在不同的目标上有不同的影响，比如，父母有助于你的生存和意义的目标的达成，让你有衣食住行，让你有爱和归属感，这是积极影响，但与此同时，他们可能对你的亲密关系的某个目标有消极影响。这种情况属于最难决断和行动的类型。

从这个角度来说，什么是独立和自由？独立和自由是指，尽可能让自己可以依赖更少的对象达成生存目标，例如我们可以完全靠自己。只有这样，你才有可能在达成其他目标时更具有自由和选择权。当某些外部模块对你的自我认知、对你的生命意义等有消极影响时，你可以选择隔离或远离这些有消极影响的外部模块，同时，你还可以主动寻求和建设更多有积极影响的外部模块。

现在我们来看内部模块。简单来说，内部模块就是你——是由你的身体和心理组成的你，但复杂来说，内部模块很难既个性化又精细地拆分，每个人的内在自我都是独一无二的。所以我会试着从咨询经验和观察经验的角度为你总结一些特别重要的内部模块。

具体讲述这些模块前，我希望你始终从健康的角度去关注自己的身体和大脑，这也是本书多次努力提醒你的事：保持生理的健康是心理强大的重要基础。因为身心是一体的，身体的健康尤其是大脑的健康很大程度上有助于心理的健康和强大。

现在我们来看内部模块，哪些内部模块是重要的心理支持系统呢？

情绪管理、压力管理、精力管理和心智管理。为什么是这四个模块而不是例如沟通技能、时间管理这样的模块呢？因为无论是生活和亲密关系的哪些方面，失控或出错通常都是因为情绪失控、压力失控、精力不济或思绪过乱。

有时候，即使一个人的沟通技能和时间管理能力都不错，也可能会错误地应对上述问题导致的失控。所以，对我们每个人来说，情绪管理、压力管理、精力管理和心智管理这四个模块几乎是最重要也最核心的内部模块。其中，心智管理会在下一节中详细讲解，现在我们主要来看情绪管理、压力管理和精力管理。

试着完成表 4-3，其中对自我认知的影响和对亲密关系认知的影响是指这三个模块有没有帮助你始终保持觉察、学习和改变；而对自我发展的影响和对亲密关系发展的影响是指：这三个模块有没有帮助你应对各种变化和冲突。

表 4-3　内部模块影响表（亲密关系层面）

你的内部模块	对自我认知的影响	对自我发展的影响	对亲密关系认知的影响	对亲密关系发展的影响
1. 情绪管理	积极 / 消极	积极 / 消极	积极 / 消极	积极 / 消极
2. 压力管理	积极 / 消极	积极 / 消极	积极 / 消极	积极 / 消极
3. 精力管理	积极 / 消极	积极 / 消极	积极 / 消极	积极 / 消极

如果消极影响比较多，你需要留意学习特定的模块。

关于这三个模块的管理，我相信无论是你自己总结的经验还是来自外部模块的建议，都已经有不少了，所以在这里我想和你分享一下我观察到的、比较容易被忽视的重点。

首先看情绪管理，情绪管理的重点是什么？回答这个问题前，我们需要先了解一个更本质的问题，人为什么会有情绪？每个人的情绪产生都和需求与预期有关，如果需求与预期被满足了，那么情绪大多是积极的；如果需求和预期没有被满足，那么就会有消极的情绪产生。

通过前文，你已经知道了自我接纳就是接纳自我所有的感受和情绪并从中观察自我、关怀自我。关怀自我的重点是什么？是满足自己的需求，无论是情感需求还是其他需求。

情绪管理的重点是预期管理，这经常被很多人忽视。举个例子，当我们在感情关系中因为对方的冷淡而难过时，我们之所以难过，是因为对方的冷淡的态度不符合我们对他或对爱情的预期。再比如，当对方因为你没有送礼物而生气时，对方之所以生气是因为他的预期是你会送他礼物。所以，一个解读情绪的角度就是分析自己和对方的预期。

另外，有一个情况需要我们特别注意，那就是他的预期本来就不合理，比如要求恋人时时刻刻回复自己、父母与自己平等沟通等，这时候情绪变得糟糕也是必然的，而这时候情绪管理的重点就是重新调整预期。这里的不合理不是指这个愿望不合理，希望恋人能时刻应答自己、希望能与父母平等沟通，这些都是每个人都会有的美好愿望；不合理是指根据现实，这个预期几乎不可能达成，但你还是有这个预期，也就是你对现实的预期不合理。

很多时候，一个人情绪平稳，是因为他的预期时常和现实相匹配。

其次我们来看压力管理。你可能已经知道运动和充足的睡眠有助于压力管理（也有助于情绪管理和精力管理）。现在我想请你先想一想，本质上我们会因为什么感受到压力？什么样的情况下我们会感受到压力？

比如：

- ☾ 每次和爸妈见面都会吵架，坐在一起就会觉得很有压力，现在每次想到回家就觉得有压力。
- ☾ 想到自己单身就觉得很有压力，想到自己年纪渐长、周围越来越多的朋友开始结婚生子就更有压力了。
- ☾ 想到马上要开始一个新项目，人手也不够，资源也不够，项目有很多不确定性就很有压力。
- ☾ 生病了，病越来越重，感觉压力越来越大。
- ☾ 失业了，存款越来越少，感觉压力越来越大。

这些情况的共性是什么？

共性是，这些情况中都存在威胁，这个威胁可能会对一个人的生存产生消极影响，这包括生理上的生存，也就是实际的生存，以及精神上的生存，也就是一个人的感受和对自我的认知。当两种生存都受情况影响时，压力会更大。

所以我想和你分享的压力管理的重点是什么？重点是让自己面对这个威胁，试图找出这个威胁是什么？这个威胁在多大程度上是真实且不可改变的；又在多大程度上这个威胁是被想象出来的？以及从真实情况来说，它究竟会威胁一些什么？通过什么样的行动，你可以减少这个威胁对自己的影响？

比如上述的第一个情况，与父母相处的威胁可能是影响自己的情绪，同时破坏自己对孝顺的自我要求和对家庭和睦的期待。

某种程度来说这个威胁不受控，因为父母的做法很难发生改变，但是这个威胁有一部分是被那个只能经受这种情况，并且对此毫无办法只有自责和无奈的自己想象出来的。而自己这部分实际上是可以改变的。当我们调整预期、调整对自我的要求和限制，这件事对精神自我的威胁就会减少，于是我们的压力也会减小。

也就是说，应对压力的重点是，找到这个威胁，然后分辨其中的现实和想象，接着做出调整和应对。

最后我们来看精力管理。生活中比较常见的可能是时间管理，或对拖延行为的管理。我一度也热衷于探究和实践这两者。但是随着自己越来越忙，事情的丰富性和复杂性越来越高，我意识到，决定我能否高效地完成某件事情的关键不在于我有没有预留时间并及时行动，而在于我是不是在一个正确的时间投入了一个正确的自己。

而这个正确的时间和正确的自己是指什么呢？是指这件事情所需的精力和那个时点你所拥有的精力是否匹配。也就是说，如果这件事需要 60 分的精力，而当时的你只有 40 分的精力，那做起来确实会感到有阻碍，也会低效。所以平时你要观察自己的精力值是多少，评估一件事需要耗费的精力，然后在合适的时点投入这件事中。

换个更通俗的词，精力值就是活力，你要试着找到一些适合你的、可以提升你的活力和方法，无论是品尝美食、培养兴趣爱好、与特定的朋友见面或是其他，然后在自己精力值低时通过这些方法提升自己的精力。

也要找到那些经常会损耗你的精力的人和事。在你要完成重要事情时，尽可能与这些损耗性的人和事保持距离，并且通过长久的努力，尽可能降低这些人和事对自身精力的损耗。

在生活中，如果你能一直保持 100 分的精力，再掌握一些合适的时间管理的技能，你的生活一定会更加充实而高效。

建立心理支持系统应该是贯彻我们一生的重要功课，这决定了我们获取幸福的实力，也决定了我们在挫折和困境中能不能浴火重生。

下一节，我们继续看心智管理。

本节要点

☾ 我们需要建设弹性自我，拥有心理弹性，简单来说就是"始终成长，不惧伤害"，这决定了我们能否始终拥有幸福的实力。

☾ 我们在整个人生中，都要不断建设自己的心理支持系统。

行动指南

① 查看自己当下的系统，并制订进一步优化建设心理支持系统的计划。

② 不定期重新检视自己的心理支持系统，并且制订下一步的建设计划，比如在人生发生变化后。

不要总在模仿自己，做自由的自己

模仿自己和做自己是两回事。

什么意思呢？模仿自己是始终延续以前的习惯，比如固执就是一种模仿自己的表现。做自己是始终追求自己认可的价值，是自由和主动的人生，也就是消除限制，追求真我。

根据我在生活和咨询中的经验，模仿自己的人们常说的话是：

"这样就不是我了。"

"我一直就是这样的。"

"这么做别扭，感觉我不是我了。"

这些话有时候是在表示对自我的坚持，但如果明明眼前就是他一直朝思暮想的机会，只需要他做出一点行动上的改变。比如原本不喜欢自夸，现在需要自夸，或原本习惯用默默的行动向人表示感谢或道歉，现在需要把话说出口，等等。但他们就是不愿做出调整，就是要坚持自我，那么这个自我只是过去的那个自我。

模仿常常是一种限制，它包含了很多规则和自动反应。

什么是规则呢？

- ☪　我应该每周陪伴侣吃饭、逛街，他的每条消息我都要尽快回复。
- ☪　我要每周去三次健身房，不然我的身材会走形。
- ☪　我不得不考虑爸妈的想法，如果我继续单身他们会不开心。
  ……

当你带着规则生活，你会觉得有束缚、有压力，即使是你主动选择了这些规则，你也会感觉它们是一种负担。

好的方式是什么？是做自己，做自由的自己，始终追求自己认可的价值。

价值和规则的区别是什么？

- ☪　规则：我应该每周陪伴侣吃饭、逛街，他的每条消息我都要尽快回复。
- ☪　价值：我想要考虑伴侣的需求，我希望我能带给他安全和快乐。
- ☪　规则：我要每周去三次健身房，不然我的身材会走形。
- ☪　价值：我想要保持健康和身材，健康和身材与我的幸福感密切相关。

☾ 规则：我不得不考虑爸妈的想法，如果我继续单身他们会不开心。

☾ 价值：爸妈开心是我非常在乎的事，这是我作为子女想要经营的亲子关系。

也就是说，价值是去了解你真正想要的是什么，什么对你来说是重要的、有意义的。价值常常包含：想要、重视、在乎、渴望、选择等，而规则常常包含：应该、必须、不得不、错、对、好、坏等。

通过上面的例子你能发现，规则是单一的，但规则背后的价值却是开放的，也就是说同一个价值可以有无数种追求的方式。

比如保持健康和身材，除了去健身房，还可以通过健康饮食、保证充足的睡眠、去公园跑步、和朋友一起羽毛球或在家做家务等方式达成。每个规则背后都有你追求的一种价值，而每个价值背后还可以有无数个规则。

不过看到这里，你可能会敏锐地发现，这个从规则到价值再到规则的转化用在自己身上时很好用，但是一旦事情和别人相关时，可能就会遭受阻碍和挫折，尤其是在沟通受限时。

比如，同样是考虑伴侣和爸妈的需求，同样是希望他们快乐又满足，但他们对你的期待和你想做的并不一致。这时候怎么办？试着和伴侣和爸妈明确他们的规则背后的价值，让他们看到彼此可以采用不同方式满足同一价值，这也许需要比较长的时间和反反复复的沟通，但是如果能沟通清楚彼此追求的价值，对双方的人生都是一种飞跃性的改变，彼此的关系也会更轻松。

　　反过来，如果你因为自己追求的价值，给爸妈和伴侣制定了很多规则和限制，那你现在可以试着明确那些规则和限制背后的价值，这会为你之后的亲密关系带来改变。当我们观察爸妈和其他亲近的人们做的各种事、说的各种话时，也可以试着发现他们一直在坚持的规则背后的价值，哪些价值里其实藏着对你的关心和爱。

　　很多亲密关系中的冲突都是规则间的冲突，真正谈到价值时，才会发现我们与对方的价值可能是相似的。我们必须主动区分规则和价值，因为在日常生活中，我们常常默认规则就是价值。

　　上文提到模仿包含了很多规则和自动反应。聊完了规则，我们现在来看自动反应。

　　自动反应包括情绪、认知和行为上的自动反应。

　　举个例子，在亲密关系中经常出现如下场景。

☾　情绪：每当伴侣开始啰唆，不管他说的内容是什么，我都会觉得厌烦。

☾　认知：每次伴侣不洗碗时，我都觉得他就是懒，就是在逃避家务。

☾　行为：每次伴侣开始和我吵架时，我都会走开让他一个人静一静，或我会赶紧结束这个话题。

所以自动反应是什么？是只要相似的场景出现，不管这个场景有没有特殊的地方，他都会按过去的习惯处理。

换句话说，对伴侣的自动反应意味着，其实我并没有把你作为一个独特的、有丰富想法的人看待，我只看到了你做的事，就对你做出了武断的评价，我的感受和反应都没有面对真实的你，也没有面对我们之间真正重要的目标和价值——两个人的亲密和幸福。这样的自动反应不仅会限制我们对生活的改变，也会伤害伴侣间的亲密关系。

怎么办呢？通常这需要我们用目标和价值重新建立自己的反应。但除此之外，我还有一个能帮助你全方位观察自己自动反应的方法——对心智模型的学习和使用。

心智模型是什么？（下面这部分会有点难，你也可以跳过直接看结论）心理学家基思·斯坦诺维奇（Keith E.Stanovich）基于人类心智模型提出了双过程理论（dual-process）[1]，他用这个理论描述人类大脑工作的两种不同加工机制：类型一加工和类型二加工。当我们自动反应时，大脑其实就是在做类型一加工，然后我们根据类型一加工的结果做出了反应。

类型一加工是什么？

类型一加工是大脑的自主反应，也就是自动化加工。简单来说，大脑根据以往经验预设了很多条路，只要预设的线索出现，

---

[1] 基思·斯坦诺维奇. 超越智商：为什么聪明人也会做蠢事 [M]. 北京：机械工业出版社，2015.

大脑就会自动指引我们的思想走这条路，这便是自动化加工。在这个过程中，我们调用的认知资源非常少，缺少理性思考，是一个情绪化的反应。而且同样的线索会激活很多过往的经验，所以大脑采用类型一加工时，我们的脑海中会出现很多联想和故事，但都是大脑想象出来的故事。也就是说，大脑不是观察当下的现实，而是想象当下的事实，以为想象的事实和现在见到的一部分事实就是事情的全貌，并任由这种错觉引导我们做出错误的选择。

这就是为什么自动化反应往往是根据过往的经验和想象做出的反应，而不是根据现实。

类型一加工有以下特征：

1. 执行迅速。只要你不是有意识地管理这个加工过程，你就会快速做出反应。

2. 只要触发性刺激出现，就会强制性执行。只要类似的线索出现，你就会自动进入某种情绪和想象。

3. 不会加重中枢处理能力，不需要有意识的注意。

4. 不依赖高层次控制系统的信息输入，不会主动收集更多信息。

怎么消除类型一加工带来的自动化反应呢？这需要我们有意识地运用类型二加工。

类型二加工是什么呢？

类型二加工的特点和类型一截然相反，它加工信息线索的速度比较慢，会运用观察获取信息，会理性思考，这也是人有意识地聚焦的一个反应过程，也就是说你知道自己在观察什么、在找什么、现在的反应又是因为什么。

对我们来说，类型一加工由于是自动反应，所以可以多任务同时进行。但类型二加工在同一时间只能处理一个或少量几个任务。这个加工过程基于语言和逻辑规则，心理学家称之为控制加工。当我们说到"有意识地解决问题"时，指的就是类型二加工。

在类型二加工的过程中，我们会思考更多，更侧重理性的逻辑分析。在生活中，很多类型一加工无法完成的事都会分给类型二加工。类型二加工的一个重要功能是压制类型一加工，因为类型一加工常常导致非理性行为反应。

但是，由于人类的大脑每天要处理太多信息，所以类型二加工有时候会偷懒，直接采纳类型一加工的判断结果。而在这个过程中类型二加工会做些什么呢？它会为自己的偷懒找理由和借口——人们有时会成为认知吝啬鬼，以牺牲准确率为代价做出简单直接的评估和判断。比如，用"我和他认识很多年了"代替"具体观察这个人的信用体系判断一个人是否可靠，用"贵"代替"实际考察质量本身"判断一个商品是不是足够好，用"花了多少时间"代替"取得多少成果"判断自己是不是在进步。所以我们也不能完全依赖类型二加工。

那怎么办呢？我们要用心智模型。

基于类型一加工和类型二加工, 斯坦诺维奇又提出了人类心智的"三重心智模型"。

自主心智就是类型一加工, 我们是怎么拥有自主心智的呢? 一个是人类的进化过程, 也就是说全人类都会有类似的反应, 另一个是过往经验的积累和内化学习。

比如对蛇、蜘蛛和猛兽的恐惧, 不同民族、不同文化的男性女性对择偶的相似偏好, 一个球飞来时我们会迅速躲避, 这些是通过进化习得的适应性模块。自主心智还包括情感化反应、学习习得的自动化反应和条件反射等。比如, 我们一旦学会游泳、学会骑自行车, 就终生难忘, 变成本能一般的技能, 这就是后天习得的自动化反应。

算法心智是表层的类型二加工。它与类型一加工的最大区别是它需要思考和加工信息, 需要调用我们的记忆系统去收集储存和加工现有的信息。斯坦诺维奇将传统智力定义为算法心智。算法心智就是传统意义上智商测试时考察的能力, 比如记忆、处理速度、逻辑推理等。

比如, 一位女性沿着海边的悬崖散步, 她试图爬上一块巨石, 然而她爬的并不是石头, 而是一道深渊的边缘, 结果她不小心从巨石上跌落而死; 一个男孩反复尝试背诵一篇文言文, 但就是无法记住, 考试时也没有默写成功。

这些结果都是因为算法心智出了问题, 因为收集的信息不正确, 或储存信息和思考逻辑出了问题。

反省心智是关注自己的目标, 并基于与目标相关的信念和各种信息做出最优化行动。只有在反省心智层面进行分析时，理性才真正参与其中。更重要的是，算法心智的效率可以被量化评估，而反省心智的效率也就是理性的效率却无法被评估和测量。通常意义上的聪明人只是算法心智很厉害，但真正的理性人在反省心智方面也很厉害，现在并没有有效的方法和程序来确保反省心智的有效启用。

看到这，你可能已经模糊地意识到，本节所说的自动反应其实与自主心智和算法心智有关，而价值追求的其实就是我们的反省心智。

当在生活中进行行动决策时，你如果想要做自由的自己，不仅要关注每一个心智，更要在意你的反省心智。

举两个实用的例子。

第一个例子和亲密关系中的出轨有关。

☾ 自主心智（好比本能和本我）：我想要出轨，我感受到了一种冲动和激情。

☆ 算法心智（好比部分的理性和自我）：你喜欢出轨的自己吗？

☾ 反省心智（好比追求价值的自由的我）：你欣赏、喜欢并且想要出轨的自己吗？

当算法心智和反省心智的答案出现"不"时，这个行动决策就需要重新被考虑。

第二个例子和日常生活中的社交有关。

- ☪　自主心智（好比本能和本我）：我想要大家都喜欢我，我要讨好每一个人。
- ☪　算法心智（好比部分的理性和自我）：你喜欢讨好别人的自己吗？
- ☪　反省心智（好比追求价值的自由的我）：你欣赏追求所有人都喜欢自己的想法和做法吗？

当算法心智和反省心智的答案出现"不"时，这个行动决策就要被重新考虑。

绝大部分人在生活中都会被自主心智与算法心智影响，反省心智反而一直被我们忽略。反省心智不是只有"反省"，而是再次思考规则和价值。

在本节的前半部分，我们一直在学习如何从规则导向的生活转变为价值导向的生活。而后半部分，我一直在告诉你如何系统性地思考自己的规则和价值，尤其是如何选择你内心真正想要追求的价值生活。你可以用心智模型思考和调整每一个你不确定的决策和行动。

所以，怎么从模仿自己变为自由地做自己呢？

除了找到限制自己的规则和自动反应之外，还可以通过重新发现自己一直在追求的价值设定目标和计划，下面是做到价值人生的 4 个步骤：

第 1 步：找到你想要追求的价值，例如在工作、生活和亲密关系中，你分别想要追求的价值。比如，在工作领域，我希望自己很杰出，可以成为行业的表率并带来贡献。在生活领域，我想过重视健康、充实和有意义的生活；在亲密关系中，我希望自己获得支持和爱。你可以从正在进行中的领域开始思考，例如即将完成的某项工作、和前任要做的某次沟通等，问自己在这些过程中想得到什么、重视什么、追求什么。

第 2 步：设定一个立刻就能做的小目标。比如，同样是追求充实且有意义的生活，问自己当下就可以进行的行动是什么？比如睡前看 5 页书、和朋友分享一个最近的收获等。这一步的关键是，要立刻在当下的生活中用行动实现自己的价值。这个行动即使很小，也会增强你的信心和价值感。

第 3 步：设立一个中短期目标。比如，第 2 步中的小目标你计划坚持多久，或还有哪些计划是你最近这段时间想要每天或定期坚持的。

第 4 步：设立长期目标。问自己，希望 5 年后的自己是怎样的，或 10 年后的自己是怎样的，甚至希望自己临近死亡时可以怎样描述自己的一生。根据这些问题的答案，反推时间，建立自己的 5 年计划或更长期的计划。

当你能以你自己的价值导向度过人生时，你就获得了真正的自由。

本节要点

☪ 很多人常常混淆做自己和模仿自己，前者是自由的、追求价值导向的，后者是限制的、盲从规则的。

☪ 亲密关系中存在的"自动反应"正在阻碍我们了解真正的彼此，也在阻碍我们获得亲密和幸福。

☪ 如果想要追求思想和行为上的自由与自主，要关注心智模型的三个模块：自主心智、算法心智和反省心智，尤其要关注反省心智。

行动指南

① 觉察自己在生活中追求的价值，以及目前正在遵从的各种规则，然后试着依据自己还在追求的价值重新调整规则。

② 按照本节内容结尾的 4 个步骤，为自己制订价值人生计划，并且去坚持。

第 5 章

重新认识亲密关系，再次出发

超越原生家庭

很多人都会有这样一个问题：明明内心很讨厌父母的一些行为，自己长大后却变成了和他们拥有相同行为的人。讨厌父母的指责和争吵，自己却也变成了一个会不自觉出口伤人的人；讨厌父母的冷漠，自己却也从来不开口说爱、不开口表达感谢，明明内心很温暖很丰富，却看起来像个冷冰冰甚至不懂感恩的人，为此受了很多委屈，错过很多真心的朋友和恋人。

很多现象都在表明，很多时候长大了的孩子会变成和父母一样的成年人，拥有和父母相似的爱情或婚姻。

我们对亲密关系的期待很大程度上源于我们小时候对爱情的印象与感受。成年后，我们会被那些与我们小时候所爱的人相似的人吸引，所以你可能会选择与父母相似的人。但如果童年经历不愉快，就会选择与父母性格相反的人，因为当伴侣表现得与你父母有相似之处时，你就会感到不安。

为什么在伴侣身上相反和相似总是相伴而生呢？

因为不管你如何提醒自己不要像父母，由于你的注意力牢牢地锁定在父母的爱情和相处之道上，即使你希望关注伴侣与父母相反的地方，在这过程中，只要你在伴侣身上感受到与父母相似的地方，你的潜意识就会产生熟悉感，这会进一步增加吸引力。于是，你最后选择的伴侣和父母总是既有不同、也有相似。

而且有时候我们会无意识地寻找和父母相似的人，因为我们想在他们身上寻求认可，虽然我们真正想要的是来自父母的认可。

那为什么我们与伴侣的相处的行为模式会和父母既相似又相反呢？

因为人类存在模仿的本能。正是模仿的本能让我们快速学到了很多技能，让我们获得他人的喜爱，也让我们成为群体中一员——因为群体有一个重要特征便是共同遵守并实践同一套行为规则。

所以，只要你的注意力在父母的行为上，那么即使你在意识层面告诉自己要改变某些地方，但你在潜意识里还是在模仿他们的很多行为。这一方面是因为你对这些行为过于熟悉，另一方面是因为这些行为给你带来了归属感。

成年后，这种模仿尤其会在情绪失控的情境下发生，因为这时你就会凭潜意识行动。而且，由于我们没见过更多的模仿范本，所以即使有意识地修正了父母的行为，我们的很多行为方式也依然不会改变得太彻底。范本如此，修改很难彻底地改变原貌。

所以，你如果想要摆脱原生家庭的影响，追求真正想要的自己和爱情，就要把注意力转向更多类型的生活方式和相处之道，在更大的范围内观察、学习和选择它们。

　　我想先带着你探索一下，你在亲密关系中有哪些与原生家庭相似的特质和行为，下面是最主要的"寻找相似性"的六类问题。在这些问题之后会有练习，你可以试着从这六类问题出发，完成之后的练习：

　　第一类：我的家人怎样面对压力？我自己也是这样做的吗？

　　第二类：我的父母在相处上，给我做别人的丈夫、男朋友或妻子、女朋友留下什么榜样？

　　第三类：我在原生家庭中扮演什么角色？我是习惯做决定的人，还是习惯听别人的带领的人？这对我的亲密关系有什么影响？我与恋人的角色是否有弹性，是否能因环境的需要而调节？

　　第四类：我的家人怎样看待现实？态度是悲观还是乐观的？我的家庭中有没有一些我十分认同的价值取向？这与我的恋人的价值观是否存在冲突？

　　第五类：我有哪些行为和想法刻意与原生家庭相反？这样做是想摆脱父母的某些负面影响吗？我有没有留意到这些行为有时会矫枉过正呢？

　　第六类：在我的原生家庭中，我和谁的关系更亲密？这对我的亲密关系有什么影响？亲密关系遇到不快时，我是否会与其他家庭成员联盟？

　　现在我们来做一个"修正模仿"的练习，试着修正自己无意识的模仿。

　　拿出一张纸，分三栏。

分手心理学

在中间一栏，把带有相似性的特质和带有模仿痕迹的行为
一一写下来，你可以慢慢回忆，慢慢写。问问自己，我讨厌父母
身上的哪些特质和行为？然后观察一下自己，发现哪些特质和行
为其实自己也有，把它们都写下来。

在第一栏，写下这些特质和行为通常发生在哪些场景中？怎
样的场景会触发它们？这一步是为了教会你识别并且警惕这些相
关的场景。当类似场景再次出现时，你就有可能第一时间发现，
也会有更多的机会在失控前就提醒自己要注意，避免重复这些特
质和行为。

在第三栏，写下你希望自己可以选择的更适合你的特质和
正确行为，或可以模仿的榜样，你可以多写几个供自己选择。比
如，如果你从来都不会表达感谢，那么你在第三栏就可以写下这
样几个行为：（1）诚挚地向对方微笑。（2）开口向对方说谢谢。
（3）事后给对方写一张表达感谢的卡片，等等。这样做的好处
是，你可以给自己层层递进的指导，并且，你在应对这些情况时
也可以有所选择。

这就是你可以自己去尝试的三个步骤，这张表需要你平时不
断地补充，你既可以完全靠自己来完善，也可以求助别人，然后
按照这张表去练习和实践，这样改变一定会慢慢地发生。

但是，说到改变，常常会发生的事情是，明明道理都懂，但
就是做不到。

这是因为，第一，抵御模仿的本能需要长期的练习来形成新
的认知和习惯；第二，关于亲密关系和自我的一切都是我们最感

性的地方，也就是说，很多时候理性在这些地方并不起作用。所以我想结合脑科学，和你聊聊关于改变自己的三个要点。

行为管理的痛点和难点永远都在于我们如何应对情绪失控的时刻，那些时刻往往是生活或工作上的关键时刻。这背后其实有生理上的原因。不少人内心秉持身心二元论的观点，以为解决了认知，就解决了行为。但其实并非如此，身心是一个整体，情绪背后有脑部各个区域和神经递质的影响，比如，抑郁症和血清素之间的关系，多巴胺和快乐与冲动之间的关系，等等。与情绪失控相关性最大的两个概念是杏仁核和前额叶，杏仁核过于活跃，人的情绪就会濒临失控；前额叶太弱小，人的情绪控制力就会大幅度降低。

那么，这为改变带来了什么样的启发呢？

第一，想改变自我就要做好长期奋战的准备。情绪反应不可能因为你的思想发生了一些转变也发生改变，要有耐心，通过不断地练习让身心共同发生改变。

第二，如果你经常情绪失控，可以去学习情绪管理，情绪管理是一种可以后天提高的能力。

第三，有些人可以带着情绪去做正确的行为，所以可以一边学习情绪管理，一边按照上一节提供的方法调整自己的行为。

要坚持，只要坚持，改变就会发生。

最后，我想和你聊聊原生家庭对人的影响。

这几年，人们逐渐意识到原生家庭和童年会影响人的一生。产生这样的意识是好事，这正是在提醒我们关注自我、关注对家庭的建设。但是在这种意识之下，又发展出一种"原生家庭决定论"，这个观点认为几乎什么都是原生家庭的错。

毫无疑问，原生家庭对人有影响，但绝不是决定论认为的几乎决定一切的影响。

当我们判断一个观点是否正确时，很多人会有这样一种不严谨的做法：去找现象中有没有符合这个观点的证据。

但其实我们更应该找有没有反例，也就是说，如果你想知道原生家庭决定论是否正确，那你应该去找有没有人生长在不够好的原生家庭中，但他并没有受到太多的干扰。

这样的反例其实并不少，尤其在那些非独生子女的家庭中，我们会发现兄弟姐妹几个人的性格、行为模式、亲密关系、工作等都存在比较明显的差异。

原生家庭决定论真正探讨的问题是，一个人为什么会成为现在的他？

这背后其实存在很多影响因素和可能性。

比如，孩子和父母的基因如此相似，基因会不会也有不小的影响呢？心理学家对同卵双胞胎做过调查，这是一群被分开收养的同卵双胞胎，最后调查结果发现，他们在很多方面存在显著的相似性，即使他们生长的家庭完全不一样。

此外，一个人在成长的过程中，除了家庭，还有两个重要的影响环境。一是我们自己的精神世界，二是我们的社会环境。

丰富自我的精神世界很大程度依靠阅读，还有欣赏艺术、旅行等生活体验。小时候，当学会广泛阅读、学会通过互联网接触外界信息时，我们其实会拥有更多的榜样和更理解这个世界的方法。

也就是说，父母的说法和做法并不会成为我们心中唯一且最主要的行为范本。这也是阅读习惯很重要的原因，我们应该挑选一些好书，培养自己一边阅读一边独立思考的能力，使自我更好地发展与成长。

关于社会环境，在我们成长的过程中，与我们密切相关的就是我们同辈的世界，也就是学校。心理学家米奇·普林斯汀（Mitch Prinstein）在他的书《欢迎度：引爆个人成功与人气的幸福心理学》里写道，一个人青春期的受欢迎程度可以高度预测这个人一生的成就和幸福情况。虽然书中也强调欢迎度和其原生家庭也有关系，但我们可以想象，一个人遇到怎样的老师、怎样的同学，其实有很大的运气成分。原生家庭较好的、心灵健康的、性格好的孩子，如果恰好遇到了一群恶劣的同学以及不作为的老师，那对他的打击和影响也是巨大的。反过来也是如此，有很多家庭环境糟糕的孩子，因为遇到了很好的老师和很好的朋友，他们在黑暗的生活中始终有着有温度的光亮和指路的灯塔。

一个人会不会在同辈世界中受到欢迎，有些时候还与当时的价值观有关。比如，当时的人们是崇尚外表，还是崇尚头脑，还是崇尚其他，等等。这样的价值观背景并非个体和原生家庭甚至学校能左右，家庭和学校都处在时代和社会环境中，时代和环境对人的影响其实更为无形，也更为深远。

最后我想再次与你聊聊改变和自由。

我们先来谈改变。

很多人想要突破原生家庭的影响改变自己，是因为原本的情况让自己很痛苦。所以进一步说，逃离那些痛苦是我们改变的动力。这个动机无可厚非，也是绝大多数人想要改变的初始愿望。

但是这会带来一个很大的问题，什么问题呢？当我们怀着逃离痛苦的愿望寻求改变时，我们内心会以为如果改变发生，我们就会不那么痛苦了。

这是错误的想法。因为所有的改变一定会伴随成长和突破带来的阵痛，这种阵痛会是一种全新的甚至令人困惑和焦虑的痛苦。

这个全新的痛苦充满了未知，大部分人类面对未知时的本能反应是恐慌和远离。很多人不知道如何应对全新的痛苦，于是又重新退回过去熟悉的痛苦之中。毕竟我们已经习惯了那些熟悉的痛苦。

所以，我希望你在寻求改变时，首先做好充分的心理准备去面对全新的痛苦，其次，用一种更好的动力代替消除痛苦的动力。也就是说，你需要唤醒自己的好奇心，去设想发生改变以后的种种画面，自己的生活、人际关系、家庭、工作等都会是怎样全新的画面？用未来的画面不断增强自己的好奇心，看向未来，将憧憬未来的好奇心作为改变自己的动力。

现在我们来谈自由。

不管原生家庭决定论是对是错，我们生于家庭、长于家庭，血亲给我们带来的牵绊一定远大于其他的人。好的牵绊是支持和动力，坏的牵绊就像沼泽一样让人深陷其中难以逃出。

很多受原生家庭影响的成年人都渴望自由，这种自由既包括形式上的自由，比如生活不再受父母的干扰，也包括精神上的自由，比如对父母再也没有怨恨、愧疚感，等等。

这种对自由的渴望是如此强烈，以至于很多人以为自由一定非常美妙。

但事实并非如此，我自己在原生家庭中经历过脱离的阵痛，也带领和见证过其他人的阵痛。当我们越来越接近自由时，我们反而会发现自由本身并不那么美妙。因为自由的基础是自我负责和自我承担，这需要巨大的勇气和努力，还需要很多智慧，所以勇于自我负责与自我承担的人永远都占少数。

在原生家庭的影响下，我们遭遇了挫折可以说："这一切都是因为我的原生家庭不好。"

但为了真正的自由，你一定要告诉自己：是的，我身上确实存在原生家庭的影响，或许这些影响会伴随我的一生，但是我接下来要靠自己的努力去过自己的生活，无论这些结果好或坏，我都愿意自己去承担和面对。

并不是先要活得自由，才能为自己的生活做主，而是要先下定决心自我负责与自我承担，你才有可能接近自由，这样的自由才会让你感受到真正的快乐。

本节要点

☪ 在亲密关系中，伴侣身上的特质、你和他之间的互动模式，都可能与你的父母高度相似。这种相似既有内心对归属感和认可的渴望，也有本能带来的模仿。

☪ 我们成长为现在的自己，原生家庭确实有影响，但同样不能忽略同辈、学校，以及整个社会的影响。

☪ 改变是一个需要不断练习和积累的长期过程，身心的改变也需要时间。

☪ 自由同样意味着自我负责和自我承担，所以自由不一定是轻松的。

行动指南

① 回答"寻找相似性"的六个问题。

② 完成"修正模仿"的练习。

③ 询问自己你"改变"的动力是什么？是逃避痛苦还是憧憬未来？觉察自己在多大程度上准备好了承担与自由相伴而生的自我负责和自我承担？

"无条件的爱"真的存在吗

"无条件"的爱只存在在一个地方，就是你对自己的爱。

其他所有的爱，都有各种各样的条件。这些条件有时是一种幸福和安全，比如父母之爱和亲子之爱。当父母因为你是他们的孩子关心你、包容你时，当孩子因为你是他的父母对你亲近又贴心时，这种血缘和亲缘本身就是条件，这些条件会带来稳固的连接。但有时候，爱的条件也会成为一种束缚。比如，伴侣因为你的懂事喜欢你，他期待并且要求你总是懂事，这会让你不自觉地委屈自己；再比如，父母因为你的孝顺而更加爱你，在你身上投入金钱与时间，当你想做的事与他们的想法不符时，这些钱和时间都有可能被收回。所以，别人对我们的爱其实都有条件，爱也都会随着境况的不同而发生变化。

在这些变化中，有些爱不会消失，比如父母之爱和亲子之爱，虽然爱的程度和表达方式会发生变化——融洽时爱的愉悦程度和满足程度高一些，冲突时爱的体验差一些。爱没有消失，爱只是一直随着条件的变化而变化。但有些爱会随着人和情况发生变化而彻底消失，比如恋人之间的爱。其实父母之爱和亲子之爱也会彻底消失，只是非常少见而已。

爱其实包含了三层意思：爱还是不爱、爱的程度以及爱的表达方式。我们在谈到爱时，常常会混淆这三层意思。比如，你挣扎于父母爱不爱你，可能你真正困惑的是爱的表达方式与爱你之间的矛盾。这时候只思考爱不爱是不够的，你还需要观察比较他们对爱的表达方式是什么？比如，你期待的爱的表达方式是深刻地了解你、相信你，并且给你自由，但父母习惯的表达方式是满足你的吃穿用度，为你安排一个他们觉得稳妥的人生。这是他们爱你的方式，或这是他们知道的、习惯的爱你方式，或在他们心中，这是最适合你的、真正为你的幸福考虑的方式，而且这些方式很可能是他们曾经想从自己的父母那里得到的爱的方式。

举个例子，对靠自己一路打拼的父母来说，他们深知打拼中的艰辛与无助，每当他们在受挫时，他们都会期待有人可以提醒他们、帮助他们，所以不论他们之后成功或失败，他们都会给予孩子很多提醒和帮助。但孩子很可能更想要父母给他们自由和信任。

人很难真正地从另一个人的视角看问题，尤其是当彼此很熟悉、感情很深、很关心对方时，这种熟悉和深刻的情感都会干扰理性思考。而且，一个人想从另一个人的视角看问题，需要具有很多能力，例如沟通的能力、识别对方情绪和处境的能力等，这都需要学习和练习。

父母之爱和亲子之爱尚且如此易变，更不用提毫无血缘关系的两个陌生人之间的爱了。很多人会在这种陌生之爱，也就是恋爱或婚姻上犯一种错误，错误地迁移了我们对爱的理解和经验。

我们对爱的理解和经验最早是从哪里获得的？从我们小时候重要的人身上，我们的爸爸妈妈、爷爷奶奶、外公外婆等亲友的身上。我希望你能明白的是，我们小时候所感受到的爱，是父母以"父母"的角色对我们的爱。

怎么说呢？父母作为两个独立的成年人，他们首先是人，其次是男人或女人，然后是各种各样的角色，但他们在爱我们时，其实只用了父母这一面。

也就是说，我们其实很难见到父母作为"人"的喜怒哀乐，作为男人或女人等其他各种角色的喜怒哀乐。不是他们刻意地隐藏了这些，而是我们从小到大作为孩子很少留意这些，我们只会觉得父母今天好像不太开心、父母今天又吵架了，很少特意询问父母怎么了；而父母为了让我们单纯快乐地长大，也不会特意告诉我们，或他们心里觉得这也不应该和我们说。

这样的爱是父母从"父母"的角色出发给我们的爱。这导致这份爱的来源其实有些片面。如果我们以这样的对爱的理解和经验去要求我们的另一半，就会造成问题。为什么？因为你和你的另一半是在完整地相爱，是融合了所有角色的彼此在相爱。

而父母身上其他角色和社会身份带来的困扰、沮丧、愤怒等，大多表现为在你不知道的夜里，他们关上门在房间里的述说；或你偶尔听到房门里传来哭泣和吵架声，第二天，父母看起来有点疲惫和低沉，但对你，他们依然尽责尽力地做着好父母。

这就是为什么你的伴侣永远不可能像父母爱你那样爱你。

分手心理学

对你和伴侣来说，你们不再是房门外的孩子，你们是房门里的那两个成年人。更多的责任、沉重和负面情绪会涌向彼此，彼此间也会有更多的埋怨和指责，这也是爱在相处中本来的样子，只不过我们以前没有见到而已。

所以，如果你的分手原因是彼此觉得不够爱对方，你要观察这种"不够爱"的参照对象是谁。如果是参照父母对你的爱，那其实这种做法有不恰当的地方。

心理学家有很多关于爱的理论，除了第 3 章中提到的斯滕伯格的爱情三角理论，还有很多其他对爱情的分类理论。

比如，加拿大社会学家约翰·李（John Alan Lee）把爱情分为以下 6 种风格[①]。

1. 激情型：你的爱人在外表上酷似你心中的偶像与理想类型的爱人。

2. 游戏型：这种爱情更像是逢场作戏或一种短期内的互相愉悦，彼此都不考虑太多责任和未来。

3. 友谊型：这是一种缓慢发展起来的、平淡如水又紧密相连的情感和伴侣关系。

4. 占有型：在这样的爱里，彼此会认为对方"从属于"自己，对方的整个生命和生活都属于自己，会出现嫉妒等强烈的

[①] Sternberg R T, *The New Psychology of Love*[M]. New Haven: Yale University Press, 2016.

情绪。

5. 利他型：这样的爱接近我们认为的无私的爱，在这样的爱情中，付出爱的这一方不求回报。

6. 实用性：这是一种务实的或功利的爱，两个人在一起有实际的诉求，比如金钱、名誉或地位、生活中的互相照顾等。

在同一段感情关系中可能存在很多种风格，而且随着时间的推移，风格会发生转变，比如从激情型转向友谊型，甚至占有型。即使是同一个人，在不同的关系里也会表现出不一样的风格。对他来说你是利他型的，对别人而言你可能是实用型的。对你来说他是游戏型的，对别人而言他也可能是占有型的。

这些风格之间有好坏之分吗？这其实更多看彼此对这段爱情的期待。比如，你期待与对方步入婚姻，而对方想要的是仅仅是愉悦（游戏型）；你期待的是对方爱你本人，而对方想要的是你身上其他实用之处（实用型），例如赚钱养家或是生儿育女。这些不一致会使彼此都更辛苦。

其实两个人对爱抱有不同的期待这件事本身并没有错，但如果一个人不能直面自己对爱情真正的期待，也不去告知对方自己真正的期待，这种无意或有意地欺瞒才是错误的根本，这只会让彼此错失更好的选择机会。

看到这，我希望你试着回想一下过去的感情关系，试着找出彼此期待的爱是哪种风格，感情的破裂是不是因为彼此期待的爱情风格不一致，并且没有互相沟通调整。

另外，针对约翰·李的爱情风格理论，我想纠正一个很多人都会有的误区。很多人以为"利他型"的爱是最好的，它看起来是最深刻也最尽责的爱情风格，但实际上不一定如此，有的人在对方的付出中感受爱，有的人在对方的索取和自己的付出中感受爱，所以如果一个人很需要伴侣向他请求或索取些什么，但伴侣却是"利他型"的，那对这个人来说，这份爱反而会让他觉得空落落的。

最后，我想谈谈无条件地爱自己这个话题，这是我们唯一始终能够拥有的无条件的爱，也是每个人都最需要的爱。

通过第4章，我想你已经知道了无条件的接纳是什么。如果你能逐渐学会无条件接纳自己的所有感受，你就已经在爱自己的路上迈出了重要的一步，并且是重要的一大步。

接下来你要做的是，根据你的感受发现自己想要什么、不想要什么，然后逐渐把时间和精力花在你真正想要的东西上。生命有限，时间就是生命。爱自己就要把你的生命投入到你真正想要的东西上。

看到这，你可能想问，我的感受好就代表这是我真正想要的吗？那如果我吃了蛋糕和巧克力，我的感受很好，这就是我真正想要的吗？

不，这里的感受好是指综合不同时间、不同维度的感受进行的判断。比如，你吃蛋糕和巧克力的时候感觉很愉悦，但是吃完以后会自责，或是吃的时候和吃完以后都很愉悦，但是衣服穿不上时会很难过。这两种情况总体来说就是感受不好。所以，你要做的是回忆自己的过往，或观察自己的现在和未来，从而综合计算你的感受，如果总体感受是好的，那想做就做吧。

比如，在恋情中，你和他见面时他无微不至的关怀和体贴让你很开心，但是不见面时他的消失又让你焦虑而压抑，那这时你要问自己：那些开心是不是能让你觉得所有的焦虑压抑都值得？如果值得就继续保持这段关系，如果不值得那就停止委屈自己，去调整这段关系。

再比如，在生活中，直言直语的感受很舒服，但如果朋友的受伤和远离让你难过，那你也应该综合来看这件事；如果面对朋友的远离你可以平静地、甚至有点愉悦地接受，那你就可以继续直言直语。

你知道为什么要用感受判断这些事情吗？因为感受几乎永远都是诚实的，一旦开始觉察你的感受，你总是可以面对真实的感受。但是理性思考不一定是这样的。人类是很聪明的生物，这种聪明既体现在用智慧去生活，也体现在善于想象。想象会带来谎言，人既能用谎言骗别人，也能用谎言骗自己。骗别人很容易被发现，骗自己却藏得很深。这就是我们要学会接纳感受和使用感受的原因，感受是你接近最真实的本心的最好途径。

当你接近自己的本心，拥抱自己的本心时，你就在真实地爱着自己。

本节要点

☾ 如果你期待无条件的爱，那要记得：你始终可以无条件地爱自己。

☾ 我们在关注别人是否爱我们时，要关注三层意思：爱还是不爱、爱的程度以及爱的表达方式。有时候问题不是出在爱不受或爱的程度上，而是出在爱的表达方式上。

☾ 父母之爱和伴侣之爱是不同角色的爱。对父母而言，你是房门外的孩子；对伴侣而言，你是房门里的那个成年人。

☾ 每个人期待的爱情风格都不一样，要关注自己和对方所期待的爱情风格。

行动指南

① 回顾一下你的上一段感情，试着找到自己和对方追求的爱情风格是否一致。然后观察一下，感情的破裂是否和彼此的爱情风格有关？

② 从"感受"的角度，试着重新思考最近生活中要做的选择并执行它。

相爱与爱得舒服

爱就像一个你不知道什么时候埋下的、怎么埋下的种子，是一个自然的、自发的过程，它不受控制，也不需要刻意做些什么。你没办法努力让自己爱上谁，你只能感觉到自己爱上了谁。

但是，当相爱变成一段关系，生根发芽的种子进入了成长阶段时，它首先要长成一棵小树苗，如果两个人的关系一直保持下去，这棵小树苗最终会长为一棵参天大树。相处就是种子种下后发芽生长的过程，而种子除了种下去之外，其他每个阶段都需要人和环境的共同努力。

有时候，爱不是输给了爱本身，而是输给了狂风暴雨，或是输给了某个"半路杀出的程咬金"。一些人总是说，如果深爱就能克服一切。这原本应该是一句鼓励我们的话，现在却变成了对分手或放弃的人的指责，指责他们爱得不够深。

但事实不是这样的。两个人即使爱得很深，人也依然只是环境中一个渺小而脆弱的存在。爱是伟大的，但相爱中的人各有各的脆弱。种子发芽后，成长时无法抵御恶劣的环境也是正常情况。有时候两个人看起来没有爱了，但等你往那个人的心里看时，很有可能还是能看到那颗爱的种子。

心里有爱，是爱的伟大之处；爱能成长，是人的伟大之处。

有句话叫：相爱容易相处难。

难的是什么？难的是齐心协力一起让爱的种子长成一棵参天大树。前文说过两个人在一起越久，彼此经历的变化就越多，这是生活本身带来的挑战。有的"变化盲视"就好比眼看着狂风暴雨即将到来，两个人却还无视阴沉的天空和吹起落叶的疾风，依然不给这棵爱之树遮挡与加固。而"背叛盲视"是什么？背叛盲视是明明两个人现在做的事不利于树的成长，却依然任其发展，比如进行冷战、忽视对方等。

除了变化和背叛，相处还难在浇灌和照料爱的种子，让它长成大树。这个过程很琐碎，而很多人正是因为它琐碎的一面忽视了它的难度和艰辛，既没有用心学习，也没有感恩另一半的付出。

很多人做不好也很正常，因为重视琐碎从来都不是人的本能和擅长的事情。

人总是希望做伟大又有意义的事情，比如完成一个所有人都关注与期待的提案或是一个能拯救很多患者的医学项目。而如果你只看相处这个过程中这些琐碎的事情的话，它们看起来既不伟大也没有意义，比如把马桶盖掀起来、把脏衣服放进脏衣篮里、买完食物放入冰箱，等等。但缺少这些，生活的舒适感就会下降。

爱在生活中成长，如果生活的舒适感下降，那么爱本身也好、相爱的两个人也好，也都会不舒服。当一个人总是默默地把这些事做了的时候，他其实是希望爱的人过得更舒服。

这些细枝末节又琐碎的事情的重要之处和意义都藏在生活中，需要生活中的人自己去寻找和感知。爱和相处的难点也在于感知这些琐碎的重要和意义，重视它们，用心做这些琐碎的事，也感恩对方每一次细小的付出。

即使伴侣不重视琐碎的事情也不感恩你琐碎的付出，两个人或许也能轰轰烈烈地相爱。但是在日益平稳的相处中，琐碎才是爱的日常，忽视琐碎就是忽视爱和爱的人。

而且，其实琐碎的事情做起来的难度并不低。

比如，整理一个冰箱和橱柜的难度有时候不亚于盘点一家公司的库存。你需要知道里面有什么，这些东西能存放多久，能提供哪些营养，还缺些什么营养，有没有两个人都爱吃的东西，还要在选择食材时就大概想好需要怎么烹饪，有没有相应的调料，等等。虽然外卖能解决很多这方面的问题，但如果要确保在吃这件事上的顺畅和健康，那么准备得是否正确、是否充分也很关键。这背后需要充分了解自己、了解伴侣的身体情况以及彼此的饮食偏好，还要了解一些基础的营养学。如果真的想要做好整理冰箱和橱柜这件事，那么在看起来只是摆放东西的背后，你需要一整套周密的计划。

很多人不知道这些事情的难度，因为很少有人真正把这些事拆开来仔细看。我们默认这种每个人都会做的事一定是容易的，但事实不是这样的。只有真正经历过，自己行动过，也真的想要做好时，一个人才会意识到运作好一个家庭不比任何一件艰难的工作简单多少。

如果你是因为这些琐碎的事引起的冲突和不满而分手，那么无论你是受委屈的那一方，还是让对方委屈的那一方，我都希望你能重新看待这些生活中琐碎的事情，知道琐碎的事情重要在哪里、难在哪里，把这些重要和难说出来，让两个人以后也能一起解决这些需要家庭分工的工作，在生活的琐碎中建设爱。

在上一节里，我们聊了有关期待"无条件的爱"的话题。

这种期待也会影响我们在生活中与他人的相处。

当伴侣在生活中向自己提出要求时，一些人的内心会很微妙，他会觉得："如果我爱你，我什么都愿意为你做。但如果你爱我，你就不应该对我有要求。"他们对于相处过程中的各种要求是排斥的。

很多人以为这种排斥是因为不够爱，如果足够爱，就应该努力去满足要求。但不是这样的，恰恰因为在意爱的纯粹，一些人才会格外排斥要求。因为当他面对要求时，他的内心会升起一种恐慌：你是需要我，还是需要我为你做的这些事？

这种恐慌常常与这个人小时候的经历有关，比如，父母把他视为一种炫耀的工具，一旦成绩不好或做了其他什么丢脸的事，就会责骂和疏远他，在孩子的心里，父母需要的不是他，而是他做的那些能让父母炫耀的事。也就是说，每当要求出现时，一旦他无法不满足要求，就会受到伤害。这样的感受和处于每当要求出现时，采取"满足了很愉悦、不满足也没关系"态度的家庭中的感受是完全不同的。

当孩子长大后进入一段亲密关系时，那些对他人的要求感觉温暖和安全的孩子能继续传递这份温暖和安全，但对他人的要求感觉生气又慌张的孩子，即使提出要求的人不断变化，但只要这份生气和恐惧不经处理，那在这个孩子面对要求时，这份感觉还是会蔓延。

那怎么办呢？一个人的时候，静静地回想那些场景，找到那个又委屈又生气的孩子，在脑海里回到过去抱抱他，告诉他一切都过去了，告诉他他已经长大了，可以自己爱自己，他也会找到真正爱他的人。这个练习可能要做很多次，直到你能流下泪，内心感到真正的平静。

之后再回想一下过去的恋情，观察一下你当时的恋人对你的要求是大部分人在爱和相处中都会提出的要求，还是他以忽视和伤害你为代价提出的自私的要求。如果是后者，那分手其实是爱自己的一种选择；如果是前者，你可以把分手视为一种学习和成长的机会，先努力成为更好的自己。

最后我想和你聊聊感情的密度、强度和方向。

感情的密度是什么？是你期望感情具有的浓度，是你看向生活的这一条长路时，期望爱和爱人在其中的位置。

对有些人来说，他希望当他回家吃饭时，爱人就在那里，他能和爱的人拥有充满欢声笑语的生活；还有的人，他喜欢去世界看看，在追求的梦想时，他只需要知道爱的人在远方就可以；但对有的人来说，他希望每时每刻爱都在那里，当他想要找你时，他希望你总是在，当他追寻梦想时，身边就有你，或当你追寻梦想的时候，他也在你的身边。

这是不同的感情密度。虽然我们都心中有爱，但是有的人需要爱总在身边和眼里，有的人还需要其他全身心的投入。密度本身没有好坏，但如果两个人对感情密度的有不同的期待，彼此就会有不满和冲突。如果能在最初就了解彼此对感情密度的期待，在相处过程中也聊聊当下彼此对感情密度的感受并及时调整，彼此在相处时也会舒服很多。

感情的强度是什么？是你对爱的体验。比如，纪念日的惊喜浪漫是一种强烈的体验，而日常琐碎中的爱就是一种安稳的体验。每个人对感情强度也有不同的期待，有的人需要极致的爱的体验，对他来说，浪漫和惊喜就是必需品；有的人需要细水长流的爱的体验，对他来说，日常的每一天更重要。前者能因为一次极致的体验继续留在甚至是混乱的、让人痛苦的生活里；后者能因为爱的细水长流而不在意那些刻意强求制造的惊喜。两者也没什么好坏之分，只是如果彼此对强度的期待不一致，一个追求某一个时点的激烈，一个追求日常的深刻，就会觉得对方不够爱。

感情的方向是什么？你认为什么代表爱？当你想找爱时，你会去哪里找；或当你有爱时，你会去哪里表达出来？有的人认为爱要说出口才是爱，有的人认为我默默为你准备好一切就是爱。生活中有些冲突和不满是因为我把爱放在这里，而你去那里找。两个人很需要时不时就"你把爱放在哪里，我应该去哪里找爱"这个话题聊一聊，有些分手不是因为爱消失了，而是因为两个人都找不到爱。所以，如果两个人都能了解自己和对方对感情密度、强度和方向的期待并互相调整，彼此也会爱得更舒服。

看到这，我想你已经明白，爱得舒服其实是一件很难的事，希望本节内容能给你启发，让你未来和对方不仅相爱，还能在日常的生活中爱得舒服。

本节要点

☪ 相爱常常是自发的，而相爱后的彼此能不能相处得舒服，是需要学习和努力的。

☪ 想相处得舒服，就要珍视生活里琐碎的事情，因为爱在生活里成长，也在琐碎中成长。

☪ 有的人排斥感情关系中的要求，不一定是因为不够爱，还可能是他对爱中的要求怀有恐慌。

☪ 当两个人对一段感情关系的密度、强度和方向的期待一致时，相处会更舒服；如果不一致，就要及时沟通和调整。

行动指南 🔆

① 试着回顾在上一段感情中，自己和对方对生活中琐碎事情的态度和行为。

② 从感情的密度、强度和方向角度，觉察自己对爱情和亲密关系的期待。

变革中的亲密关系：建立 你自己的亲密规则

现在已经到了本书的最后两节。

我在写作时，常常想象你就在坐在对面，想象你有什么样的难过和困惑，我可以用哪些专业知识和经验帮助你。

最后这两节，我想和你分享一些更深的思考和我的心里话，也是我们这个时代的亲密关系让所有人正在经历的困惑与面对的挑战。如果说前几节内容提及的困惑和挑战已经在无数人的帮助和努力下获得了突破，那本节要谈的则是只有少数人获得了突破而无数人还在经历的阵痛，人们还在找寻方法。

两个大问题。

第一个大问题是，爱对你而言是什么？

明明爱在现实生活里发展，也有很多人怀着现实的目标走入感情关系，但这个时代依然在提倡浪漫之爱，甚至高度赞赏浪漫之爱。

如果我们怀着对浪漫之爱的理解和憧憬走进感情关系，那我们不可避免地会产生很多感情冲突和失望。如果我们面对冲突和失望时依然怀着对浪漫之爱的理解和憧憬，那冲突和失望本身就会让我们感到更失望。

为什么？因为浪漫之爱的观念有个暗示：爱是一种积极美妙的感觉。也就是说，提倡浪漫之爱，就是提倡感觉至上的爱情。当感觉至上时，面对感情关系中的平淡和消极的感觉，人会对这段关系产生失望和怀疑，这影响了我们对感情关系的满足感。当感情关系外的其他人带给我们积极美妙的感觉时，我们会以为自己遇到了爱情，这种想法容易破坏我们对感情关系的忠诚。

而且，感觉其实很不可靠，很容易被外部环境中的其他刺激误导。心理学这几年逐渐发展起来的"具身认知"①就是在探究这个方面。具身认知会告诉我们，我们身体的感觉如何影响了我们的想法和认知，"误导"也是影响的一种方式。

比如，心理学上所说的"吊桥效应"②。心理家阿瑟·阿伦（Arthur P. Aron）做过一个实验，他让男性们分别在安静的公园里、平稳的水泥桥上和摇摇晃晃的吊桥上与女性实验者相遇。实验结果表明，吊桥上的男性会更容易认为自己的心动了。为什么呢？因为在摇晃的桥上，人的心跳会加速，但男性们不会认为自己的心跳加速是因为害怕——从理性上来说吊桥有什么可怕的

① 具身认知：是指生理状态与心理体验之间存在强烈的联系。如人开心时会笑，那么笑了人们会趋向开心。——编者注

② Dutton D G，Aron A P. Some evidence for heightened sexual attraction under conditions of high anxiety [J]. *Journal of Personality and Social Psychology*，1974，30(4).

呢？于是他们会认为，这种心跳加速的感觉是因为自己对眼前的女性心动了。除了吊桥，黑暗幽静的电影院，密闭安静的车里，带点刺激的鬼屋，甚至是爬山时的紧张，都可能会让人误以为自己"心动"了，遇到了爱情。

耶鲁大学的研究者也做过一个有趣的实验。实验人员把大学生随机分成两组，A组捧着一杯热咖啡，B组捧着一杯冰咖啡。实验人员把他们带到实验室，要求他们对同一个想象中的人物的人格特征进行打分评估。实验结果显示，热咖啡组的大学生更多地将这位想象中的人物评价为外向、热情和友好。身体感知到的温度影响了他们认知上的判断，在舒适温暖的环境中，人们更容易做出积极的评价和判断。也就是说，对一个人感觉好，很可能是因为你的身体感觉好，而不是说这个人真的是个好的爱情对象。

看到这，我想你应该已经明白，我们为什么要接纳和使用自己的身体感受，却不能完全依赖自己的感受和评价，因为评价可能正在被身体的感觉干扰。

那既然感觉不够可靠，那么应该如何理解浪漫之爱呢？

把爱看作一种行动，爱就是把自己的行动聚焦在可以增进亲密关系的事情上。我们在判断自己是不是爱某个人或某个人是不是爱自己时，应该观察我们的感觉，但更应该观察的是行动。比如观察这个行动是不是在增进亲密关系，当结果表明行动对增进亲密关系无效甚至在伤害亲密关系时，彼此有没有调整各自的行动？

爱要在行动中体现，感觉也是为爱的行动服务的。把爱理解为行动，既让人能辨别爱，也让人知道如何维护和发展一段感情关系。爱自己也是如此，爱自己不是始终对自己满意、始终积极地肯定自己，而是你始终通过行动关爱自己、发展自己，哪怕对自己感到厌烦甚至是失望，也依然带着这种感觉做出真正对自己有好处的行动。

但是，更难的问题来了，对你来讲什么样的行动可以代表爱？

想要找到这个问题的答案，我们得先学会爱自己。我们在学会爱自己前，也很难判定和告诉别人怎样的行动代表爱。那什么是爱自己的行动呢？

对一些人来说，一日三餐的健康饮食是爱自己，但对另一些人来说，为了某个目标废寝忘食也是爱自己；对一些人来说，在坚持不下去时再坚持一会儿是爱自己，但对另一些人来说，告诉自己学着放下才是爱自己。爱自己的行动并没有标准答案。

而且每个自己都分为两个部分，一个部分是身体的自己，另一个部分是心灵的自己。有时候这两个部分会出现冲突，身体想要休息，心灵想要拼搏；身体想要美味，心灵想要控制。这时候，应该优先考虑哪个部分的自己其实也没有标准答案。

所以，你几乎无法从外界，从其他任何一个人身上找答案，因为每个人的身体自我和心灵自我都独一无二，你只能自己找自己的答案。哲学家苏格拉底说："人啊，认识你自己。"认识自己永远是每个人最难的功课。

不过有一点是确定的，心灵寄托于身体存在，所以不管心灵的自己有任何愿望和行动目标，都要让身体的自己能健康地维持到目标达成的时刻。从这个角度来说，维持身体的基本健康是爱自己的一个基础行动。在你没想明白怎么爱心灵自我之前，你可以优先爱身体自我。对身体自我的爱护在医学上已经有很多可以参考的方式，健康饮食和适当运动是最主要的方式。

那怎么爱心灵自我呢？无条件接纳自我的感受是第一步，这一步帮助我们了解自己，这一步并不容易，但更难的是第二步，了解自我以后为自己选择一个适合自己、能让心灵自我有满足、感到有意义的生活。通过上文，你应该知道如果想要有满足感，就要关注自己的需求。但是让心灵自我感到有意义的生活是怎样的呢？我们来看第二个大问题。

第二个大问题是，什么样的人生对你来讲是有意义的？

很多人其实在按性别分工的模板生活，将自己的人生意义也建立在性别分工的模板上。

什么是性别分工呢？简单来说就是，一个人心中的男性和女性分别应该是什么样的，感情关系中的男性和女性又分别应该是怎样的，也就是仅凭性别就对一个人做出相应的期待和要求。

比如，"你负责赚钱养家，我负责貌美如花"就是一句有性别分工倾向的话。这个结果会带来什么问题？对赚钱养家的人来说，当他是家庭唯一的经济来源时，这种压力会让他恐惧，他知道自己不能停下来、不能生病，自己停下来，家就完了；对貌美如花的人来说，时间本身就是压力，因为美貌一定会随时间流逝而消逝。不仅如此，维护美貌需要时间，而一个人原本可以把时间用在自己更喜欢的事上。

除此之外，再比如，女生在给男生提供职场上的建议和指导时总是小心翼翼，害怕不小心伤害对方的自尊心；约会买单时，如果男生提出 AA，女生会想他是不是不爱我，女生提出 AA，男生会想她是不是要和我撇清关系，等等。这些都是性别分工带来的问题。

性别分工给人带来的最大的困扰是，它给每个性别都安排了一个生活和感情关系的模板。这个模板像浪漫之爱一样给人提供了关于爱的错误的标准答案，如果你按照这个模板要求自己和对方，你们反而会离爱越来越远，甚至会怀疑自己的感情关系是不是有问题？怀疑恋人和别人的做法不同是不是代表不够爱？

对感情关系而言，性别分工造成的问题主要有三个方面：

第一个方面，当人们按性别分工要求自己时，也会这样要求对方。这样做看起来是为了自己和对方好，但实际上双方都会面临各种限制。比如，要求男性始终要赚更多的钱来养家并认为这理所应当的，那对方在同样的模板下，也会理所应当地要求女性照顾家庭和生养孩子。用性别分工来要求彼此，好处和坏处会相伴而行，并且缺乏可调整的灵活性。

第二个方面，由于性别分工几乎是社会共识，相对小众的感情关系不仅会遇到群体压力①，人们内心深处也会在比较中对爱产

---

① 群体压力：是指群体对其成员形成约束力与影响力，它包括信息压力与规范压力两种。——编者著

生怀疑。由于没有新的分工体系可以参考，人们还会感到茫然失措。这会影响人们对感情关系的信心和投入程度。

第三个方面，对于处在社会中的两性关系来说，分工模块与其他分工方式会形成一种混乱的竞争。什么意思呢？比如，一段女强男弱的关系中，当两个人都心生困惑或不满时，如果继续以旧的分工为参考答案，符合这个分工的温柔又顾家的女性和事业成功的男性就可能成为强有力的关系中的竞争对象，导致感情关系的破裂或出轨的发生。

那应该怎么办呢？有三个可参考的应对方法：

第一个应对方法，正如浪漫之爱里说的，要把爱看作一种行动，旧的性别分工可以是行动参考，但不是答案。判断行动好坏的唯一标准就是有没有促成你爱自己的目标的达成以及有没有增进两个人的亲密关系。我们不要再和模板比较，而是把关注点牢牢锁定在自己和自己的亲密关系上，对自己有效的方法就用，无效的就不用，不用外界的标准限制自己和彼此。

第二个应对方法，将自己和未来的伴侣当作独立的个体"人"，甚至只当作朋友，尊重彼此作为人的喜好和需求。问问自己，如果换个性别，自己和对方现在做的事是不是也很合理？如果你们俩换个性别，现在发生的一些事是不是就不会让你难受？如果你的答案都是"是"，那你就要突破性别带来的限制。

第三个应对方法，尽可能结交一些具有多元价值观或更有包容心的朋友，他们会给你更多的勇气和明智的建议。

但在跳脱性别分工的模板之后，更难的问题是，对你来讲什么样的生活是有意义的？

人们按模板进行自我要求和生活，这是因为首先我们认为这个模板是对的、好的，所以我们学习并使用它；其次，当模板消失后，判断和决定生活方式的责任就落到了我们自己身上，而这本身是一件很难并且压力很大的事——那么多种生活方式，我们应该选哪种呢？

很抱歉，直到本书的最后一节才让你看到和意识到这一切"很难"。不过越早意识到这是件很难的事，你就会越早开始重视这个问题。更重要的是，当自己做得不够好时，你不要责怪自己，要给自己时间，对自己有耐心，因为这一切的确很难。

我也没办法告诉你，你的人生意义是什么。

我只能和你分享我自己寻找人生意义的过程。我小时候兴趣广泛，看了很多书，尤其是小说。那些小说让我看到了很多不同时代和不同社会背景下的人的人生和选择，当然这些都是虚构的，我还看了很多自传和其他各个学科的介绍，在这个过程中，我间接接触了相对真实的人生和世界。

也是在这个过程中，我不断寻找自己的榜样。榜样就是，当你想起一个人或一件事，你的内心会涌起一种力量和希望，也就是激情。再后来，心理咨询工作也给了我很多机会去深入了解不同人的人生和想法，和他们的谈话给了我很多启发。

除了看向他人，我们还需要不断回顾过往的人生，尤其是过往的成功和失败。每一次成功和失败都问问自己，你为此付出的一切是不是值得？如果成功让你觉得值得，那你人生的意义可能就藏在成功里，你可以接着去寻找。

如果成功让你感到不值得，那不值得的原因是什么？这个原因里很可能藏着你内心深处的人生意义。比如，有的人为了事业的成功忽略了家人，他觉得不值得是因为他发现家人的和睦与幸福才是他的意义。

除了成功，还要看失败。如果失败让你觉得值得，那同样要探寻值得的原因是什么？一些科学家在做研究的过程中，即使遭遇失败也依然觉得这一切是值得的，因为探索和研究本身就是他们认为的意义所在。但是如果失败让他们觉得不值得，那很可能他的人生意义与探索研究这个世界无关。总之，过往人生中的重大选择，以及重大选择后的成功和失败，都是你可以发现人生意义的地方。

最后是未来，你憧憬怎样的未来？这个对未来的描绘越具体、越生动越好。需要注意的是，你要同时询问自己两种未来可能发生的情况。一种情况是你会将那个未来昭告天下，那是所有人都会看到的未来，所有人也都认识你并知道这是你的未来；另一种情况是这个未来只有你知道，虽然别人也会看到，但别人都不认识你，也不关心你是谁，只有你自己在经历这个未来。这两种情况当然都是极端情况，但这两个极端情况可以帮助你避免别人对你的期待给你带来的干扰，也就是，过自己的人生，而不是给别人看的人生。

意义很难靠理性思考获得，也没法靠计算得失获得，我们几乎只能一边向更广大的世界看，一边向更深处的内心世界寻找——看向过去、看向未来。当外部世界和内心世界开始匹配时，意义就在那一刻出现，你要抓住他，坚持住。

你要过有意义的人生，和自己保持亲密，也和有意义的人生保持亲密。在这个过程中，如果你遇到同样的人，两个人一起建设亲密关系、追求意义，这样的人生才是属于你的独一无二的人生，也是属于你俩的独一无二的亲密关系。

本节要点

☾ 对浪漫之爱和性别分工的推崇正在影响我们对亲密关系的理解和建立。

☾ 相爱时，爱的行动比爱的感觉更重要。爱自己也是，要用行动来爱自己。

☾ 比起浪漫之爱和性别分工带来的模板，我们需要找到属于自己的人生意义和人生价值。

行动指南 🔆

① 试着觉察自己在多大程度上受到浪漫之爱的影响？

② 试着回答：对你来说，爱的行动有哪些？哪些行动是可以用来自己爱自己的？

③ 试着回顾过去，找一找什么样的人生和生活对你来说是有意义的？

什么情况下，可以开始一段
新的感情了

　　现在已经是这本书的最后一节了。希望之前的内容已经陪你度过了艰难又痛苦的时期，帮助你从困惑和迷茫渐渐走向了清晰、坚定。

　　本节，我想和你一起展望下未来的新恋情。或许此刻的你已经有了开始新恋情的打算，甚至有了潜在的心仪对象，又或许你依然单身也没有打算开始新恋情。无论你处于哪种情况，本节内容都会给你启发，因为通过本节内容你既可以判断和引导自己的新恋情，也可以概括性地认识自己过去的感情关系。

　　什么时候是开始一段感情关系的好时机呢？从心理的角度来说，要关注两个方面，一个方面是自我分化的程度，另一个方面是感情关系的匹配程度。

　　我们先来看第一个方面，自我分化。它和自我有关。

　　虽然找到一个"又对又好"的另一半很重要，但更关键的始终是你自己。因为所有的"我爱你"的主语都是"我"，无论是爱的感受还是爱的行动，都是"我"在感受，都是"我"在行动。所以一段感情关系能不能成功又亲密，很大程度上取决于这个"我"是怎样的。

整本书很大篇幅都在引导你认识自我、发展自我，而本节是概括性的一节，也是你可以用来不断判断自己的自我认识与发展有没有取得进展的一节。

什么是自我分化呢？这一概念在心理学研究领域和咨询领域都被广泛提及，它由家庭系统治疗师莫瑞·鲍恩（Murray Bowen）提出。自我分化是指理智和情感在心理上的分离，以及将自我独立于他人之外的能力，也就是能够分辨和管理情绪与思维的能力。

自我分化包含两个条件：

第一个条件，区分情绪与思维，能够充分认识和理解自己的情绪与思维，并能够不被任何一方控制自己的认识与理解，可以基于目标调动情绪与思维指导自己的行为。

第二个条件，能够保持自我独立，同时又能与他人建立健康的情感联系。

拥有好的自我分化的人是怎样的？

我们先来看第一个条件：区分情绪与思维，调动情绪与思维指导自己的行动。

假设有一个人叫小 A，当他在生活中拥有某种强烈的情绪（也就是感受）或强烈的思维（也就是想法）时，比如陷入沮丧和失落甚至觉得自己完蛋了，他不会立刻基于这个感受和想法采取行动，也不会持续躲避甚至自暴自弃，他会有以下这些做法。

1. 全然接纳自己的感受和想法，把它们说出来或写下来。

2. 再次观察自己的感受和想法，找到是事情中的什么元素或是过去的什么回忆引发了他的感受和想法。除了已经感知的这些，还有没有其他想法与感受，把他们都找出来。

3. 分辨这些感受和想法的合理性，看看是不是存在非理性的信念和自动反应。如果有，就引导自己重新思考。

4. 询问自己在这件事上的价值观和目标，并且询问自己现在的感受和想法是不是与价值和目标一致。如果一致，比如你此刻已经重新拥有信心，那就带着这些感受和想法去制定相关的行动目标。

5. 如果不一致，比如你希望自己勇敢争取自己想要的，但现在依然想退缩，那就允许自己与自己的感受和想法待一会儿，找到自己受伤的原因，关怀自己，并且从支持系统中找寻可以协助自己的人和事来帮助自己。

6. 然后再一次，从价值和目标出发，为自己制定新的行动方案。

看到这，你可能已经明白，好的自我分化是指和自己的感受与想法既保持距离也保持连接，让感受与想法成为自己的一部分，既关怀这部分的自我，也让这部分的自我协助自己达成目标、实现价值。

现在我们看自我分化的第二个条件：保持自我独立，同时也能和他人建立情感联系。

还是假设有个人叫小 A，他和前任分手不久，现在和一个朋友走得很近，这种温暖的感觉让他有点动心。同时，父母在催促他赶紧恋爱结婚，并且为他安排了相亲，甚至制定了结婚、生子的时间线。

如果他拥有不好的自我分化，他会怎么做呢？他会旧情未了地和前任继续保持联系，前任的一举一动都可能影响他的感受和他对自己的看法，比如自己是不是有魅力、是不是值得被爱等。同时，因为朋友带给他温暖和动心的感觉，他虽然觉得对方和自己不合适，但什么也不说，因为害怕说清楚了就会失去这个朋友。在面对父母时，他虽然觉得自己还没到开始新恋情的时候，也没有想好要不要结婚生子，但为了不令父母失望依然按父母的要求开始相亲，只是同时也会和父母发生激烈的争吵，表示这一切不是自己想要的。

所以总的来说，坏的自我分化是什么？是他人的想法和行为会很轻易地影响小 A 对自己的感受、看法，以及他的目标和行动。小 A 不敢失去任何一个亲近的人，却也无法和任何一个亲近的人保持真正的亲密，无法做真实的自我，用真实的自我去和他人建立亲密关系。

那好的自我分化是怎样的呢？当小 A 拥有好的自我分化时，他可能会这么做：

1. 暂时隔离前任和父母对自己的消极影响，重新全面地接纳自我，尤其是接纳自卑和不完美的自我，在这个基础上，重新建立自信和自我价值感。

2．分析父母或原生家庭对自己的影响，尤其是对亲密关系的影响，试图理清和减少消极的影响。

3．询问自己的人生价值和人生目标，明确自己在亲密关系上的追求和打算，比如想要怎样的与伴侣和相处方式，不想要怎样的与伴侣和相处方式。

4．重新分析判断前任和现在的朋友，决定要不要和他们保持联系，以及保持怎样的联系。明白即使说清楚自己的心意可能会失去前任和朋友，也依然怀着真诚的态度和对方沟通。因为小A希望无论是自己还是别人，都能过上真诚且有意义的人生。

5．停止和父母争吵，向父母表达自己的想法和人生打算，能够坦然面对父母暂时的失望和指责并依然坚持自我。

6．最后，从自己的人生价值和目标出发，为自己制定新的行动方案。

好的自我分化就是在认识自我、关怀自我的基础上，保持独立，同时用真实的自我和他人建立情感联系。不会为了别人单方面地压抑自己、委屈自己，与他人保持坦诚的沟通，尊重他人的自由，也尊重自己的自由。

说完了自我分化，现在我们来看第二个方面，感情关系。

通过之前的内容，你已经重新认识了爱和感情关系，知道了爱不仅是一种感觉，更是一种行动。以及在一段感情关系中，除了爱，我们还要关注彼此的需求和爱情风格，平衡双方在感情关系中的权力和相处方式。

最后这节，我想带着你再往前迈一步。当你已经明确地有了想要建立感情关系的对象时，在感情关系开始前，你们之间要互相了解些什么？

通过上文你知道了依恋类型对亲密关系的体验和相处方式的影响。那么，当两个人考虑要不要在一起时，是不是存在一种更好的依恋类型的组合方式呢？

心理学公认的是，当双方的依恋类型都是安全型时，感情关系最为稳定，其次是至少有一方是安全型。因为不同依恋类型的人会对相似的特质呈现截然不同的看法，安全型的人的看法会更积极。

举两个例子。如果你属于回避型，

☪ 安全型的人会这样描述你：独立的、谨慎的、注重隐私的，只是有时会有点矛盾。
☪ 焦虑型的人会这样描述你：冷漠的、自私的、害怕承诺的，让人捉摸不定的。

如果你属于焦虑型依恋，

☪ 安全型的人会这样描述你：忠诚的、担心的、热烈的，渴望承诺和稳定的。
☪ 回避型的人会这样描述你：粘人甚至缠人的、夸张的，要求多甚至是让人困扰的，迷信承诺的。

看到这里你会发现，另一半对你的看法很大程度上取决于他自己的依恋类型，所以如果可以，尽可能找一位安全型依恋的人相爱、相处。

但你要留意的是，如果你发现自己的心仪对象是焦虑型或是回避型的，并且他已经带给了你不安和消极的感受，例如让你对自己魅力和能力产生怀疑、对生活快乐和幸福的标准一再降低等，你要留意自己是否陷入了过去的延续。什么意思呢？就是眼前的这个人很有可能很像你曾经十分期待能关注你和肯定你的父亲或母亲或其他亲近的人，你一次又一次地和相似的人陷入亲密关系是因为你想要征服他们，获得他们的肯定，而并不是因为这能让你幸福。

另外，如果不是因为过去的延续，而是眼前的人确实让你感受到了爱和憧憬，那么即使对方不是安全型的人，也不代表你们没机会拥有幸福长久的感情关系。只是你们需要了解自己的依恋类型，然后分清楚自己的感受和行为有多少是因为对方产生、有多少是因为自己产生。

举个例子，当一方出差时，如果另一方感到焦虑，那要问自己这个焦虑是因为自己是焦虑型的人还是因为对方的某些行为确实让人焦虑。比如原本联系很紧密，在出差时突然杳无音讯，如果是后者，那你需要表达感受后，与对方商量一下调整行为；如果是前者，你也要坦诚地表达感受，同时告诉对方，现在怎么做可以让你的感觉好一些。

总结一下，明确双方的依恋类型可以让你大致判断出你们未来的相处状态，如果预判的状态让你觉得这不是你想要的，那你可以及时做一个对自己更好的决定。如果你决定和对方在一起，那依恋类型能为你们的相处方式提供建议，让你们更明白彼此的特征和需求，也更明白怎么做能让两个人相处得更舒服。

现在，你还需要再次运用斯滕伯格的爱情三角理论，也就是我在上文中提到过的爱由亲密、激情和承诺三个元素组成，三者都有时爱便是完整的。

但在现实生活中，我们往往很难同时拥有三者。我们现在要进一步从这三个元素认识爱情，你要观察自己和对方的爱分别包含了哪些元素：

- ☪ 单纯的亲密是一种温暖的感觉，你会感觉很喜欢对方。
- ☪ 单纯的激情是一种十分热烈的感觉，近乎迷恋，你会想要一直紧密地靠近对方。
- ☪ 单纯的承诺没有任何温度，就是一种形式化的承诺。

两两组合时呢？

- ☪ 亲密＋激情＝浪漫之爱。这份爱更集中在当下彼此间的感觉，没有更长久的打算。
- ☪ 亲密＋承诺＝同伴之爱。这是一种十分安稳的爱，对

　　　　于渴望安定的人来说，这份爱让人感到温暖，但是对
　　　　于渴望浪漫的人来说，这份爱可能会显得过于平淡。

☾　激情＋承诺＝愚昧之爱。也就是说，虽然两个人的
　　　　感情很热烈，但缺乏亲密而稳定的感觉，承诺并不可
　　　　信。因为承诺很可能因为感觉的变化而变化。

　　如果你发现自己和对方都缺了某几个元素时，你要看这是不是符合你的期待。如果你想要浪漫又想要长久，那么对方和你都必须同时包含三个元素。当你渴望安稳的感情时，你和对方都需要同时包含亲密和承诺两个元素，这时候如果有激情会更好，如果没有你们也可以维持长久的感情关系。如果你发现自己和对方都缺乏承诺或缺乏亲密，那这是一种需要更谨慎考虑的情况，因为这意味着你们拥有的很可能只是当下的感情，这份感情在未来可能会发生变化。

　　除了对彼此的感情，我在实践过程中发现爱情三角理论还有一个重要的应用方式，我们可以用它来观察一个人对感情关系和生活的态度。

　　什么意思呢？你要观察彼此对感情关系本身是否具有同样的激情、亲密和承诺。如果都有的话意味着什么？意味着无论你们和谁在一起，你们对感情关系本身都会持有积极的态度并会投入行动，这是你对爱情本身的信仰。

　　对你们来讲，这意味着当两个人对对方的激情、亲密和承诺的程度下降时，依然会因为这是你们正在拥有的唯一一段感情关

系而继续积极行动。简单来说就是，你爱对方、相信对方，同时你也爱爱情、相信爱情。对方也是这样。

为什么这一点很重要？因为两个人的感情深度和信任程度有时会下降。这时候能不能重新激活你们的感情关系，很大程度上取决于你们彼此对爱情本身的信仰。如果你们都始终对爱情怀有积极的感觉和期待，并且都有决心付诸行动、兑现承诺，那你们对爱的信仰会鼓励和支持你们度过很多艰难和困境。

然后你要观察彼此对生活本身是否同样有激情、亲密和承诺？

也就是说无论你们和什么样的人在一起，无论你们是单身还是在一段关系中，都始终对生活有稳定的热情和温暖的态度，并且无论自己在什么境况下，都会对生活怀有憧憬并积极投入。为什么这也很重要呢？因为两个人能否走得长远，很大程度上取决于彼此把生活经营得怎么样，爱生活的人更有可能长久地爱别人和感情关系本身。

所以，在用爱情三角理论观察自己和对方时，你要同时观察你们对彼此、对爱情本身和对生活本身分别包含了爱情三角理论中的哪些元素。如果你们在这三个维度都同时拥有三个元素，那一定要恭喜你们了，这是非常完美的感情和生活状态。当你们正式开始一段感情时，祝福你们在未来长久的生活中，能始终关注这三个亲密关系的元素，持续投入并付诸行动，相信在这样的关注和投入下，你们一定能拥有一段真正幸福的感情关系。

最后，无论接下来的你是准备修复一段之前的感情关系还是

分手心理学

开始一段新的感情关系，或是保持单身，我都真心祝愿你无论何时何地，都能不惧伤害、始终成长。希望你在感受自己的生活和生命时，也始终能感受到它们的意义和价值。

真心祝福。

本节要点

☾ 什么时候是开始一段感情的好时机呢？要关注两个方面：首先是自我分化的程度，其次是两个人在感情关系上的匹配程度。

☾ 好的自我分化意味着：第一，能区分情绪与思维，并且用情绪与思维指导自己的行动；第二，能保持自我独立，同时也能以真实的自我和他人建立联系。

☾ 有时候，是各自的依恋类型决定一对伴侣如何评价对方。

☾ 除了彼此的爱之外，一段感情关系是否能成功、幸福，很大程度上还取决于彼此对爱情和生活本身的爱。

行动指南

① 觉察自己自我分化的情况，如果自我分化还需要努力，试着为自己制订行动计划。

② 借助爱情三角理论，觉察自己对爱情和生活本身的爱，其中爱情不一定是必需的，试着增进自己对生活的激情、亲密和承诺，在明确自己的人生价值以后，用行动去坚持。

致谢

每个人都在学习和守望
相助中获得成长

把人生中的危机变成了转机，让我获得了成长。

我很崇敬知识，很敬仰那些给予人类启迪的学者、思想家和教育者，也很感激自己人生中遇到的那些怀着善意和真诚给予我建议和帮助的人们。也是他们，让我始终怀有传递知识的理想和守望相助的信念，这本书便是一个载体。

对于这本书的成功出版，首先我想感谢我的社会心理学博士研究生导师孙时进老师，在他的引领下，我不仅走进了心理学的学术殿堂，也在心理咨询的领域不断深耕发展。早在本科时，我就学习过孙老师的课程和演讲，他带给了我一次又一次地灵光般的启发，孙老师是一位很难得的博士研究生导师，他总是想最大程度发挥每个人的优势，让每个人都能做让他们发自内心感到快乐的事。心理学的需求理论一直说每个人都要追求自我实现、甚至是自我超越，孙老师不仅自己做到了，也鼓励我们每一位学子做到。

分手心理学

其次我想感谢从选题到出版过程中协助我的人民邮电出版社编辑陈素然女士，这本书她和我打磨了 2 年多，她的专业和投入让我在写作前后始终保持希望这本书专业又实用的态度，她和我都深切希望：这本书能真正帮助到那些在感情中感到迷茫和痛苦的人们。

我还要感谢我从小到大遇到的良师们：我初中时的班主任和语文老师陈秀芳老师，是她让我彻底地爱上阅读和写作；我初中时的校长李文萱老师，是她让我感受到专业女性的魅力和力量；我的高中上海市上海中学的每一位老师，他们在专业性和教书育人上都令人赞叹与感恩。

还有我在大学里遇到的老师们，我在复旦大学十年多，复旦对我来说几乎是家一般的存在。我一直很庆幸自己在本科时就进入复旦大学社会工作学系学习，我们系给予了我们"人在环境中"和"助人自助"的理念和非常多的专业实践训练与指导。

尤其想感谢我硕士时的导师，也是我们当时的系主任顾东辉老师，他在教书育人上鞠躬尽瘁、在中国社会工作的发展上也做得十分杰出，我很敬佩顾老师的宏观视角和为师理念。还有我们系的高建秀老师、沙卫老师和陈虹霖老师等，他们都给了我很多的启迪和帮助。

最后，我要感谢曾经在我人生中给予我帮助和启发的长辈和朋友们，他们是：徐蓓丽、戚晓文、王晶晶、王励弘、王智罡、李洁、张蔚、史秀雄、陆佳杰、李昂达、唐文、杨艳苹、李向荣等。还有我的博士同门们，他们是：宁叶涵、周洁、任亮宝、齐

248

巍、黄亮、孔云中、郭栋、刘文、王喆辰等。

也深深地感谢我的父母，他们给了我自由又尽责的成长环境和家庭教育。还有我的爱人张松亮先生和我的猫，他们给了我很多爱的体验和陪伴，张先生在生活和工作上给了我很多支持和照顾，从来没有以性别为理由限制我，让我拥有着平等又自在的感情关系，让我可以与他互相成就、互相爱护，彼此都能在对方身上找到归属。正是这些我遇到的人们，还有很多其他在我记忆里的人们，增加了我创作这本书的灵感，真心希望你也找到属于你的成长和归属，在生命体验中不断建设更完整、更强大的自我！